paris
1875

Goethe, Johann Wolfgang von

Faust

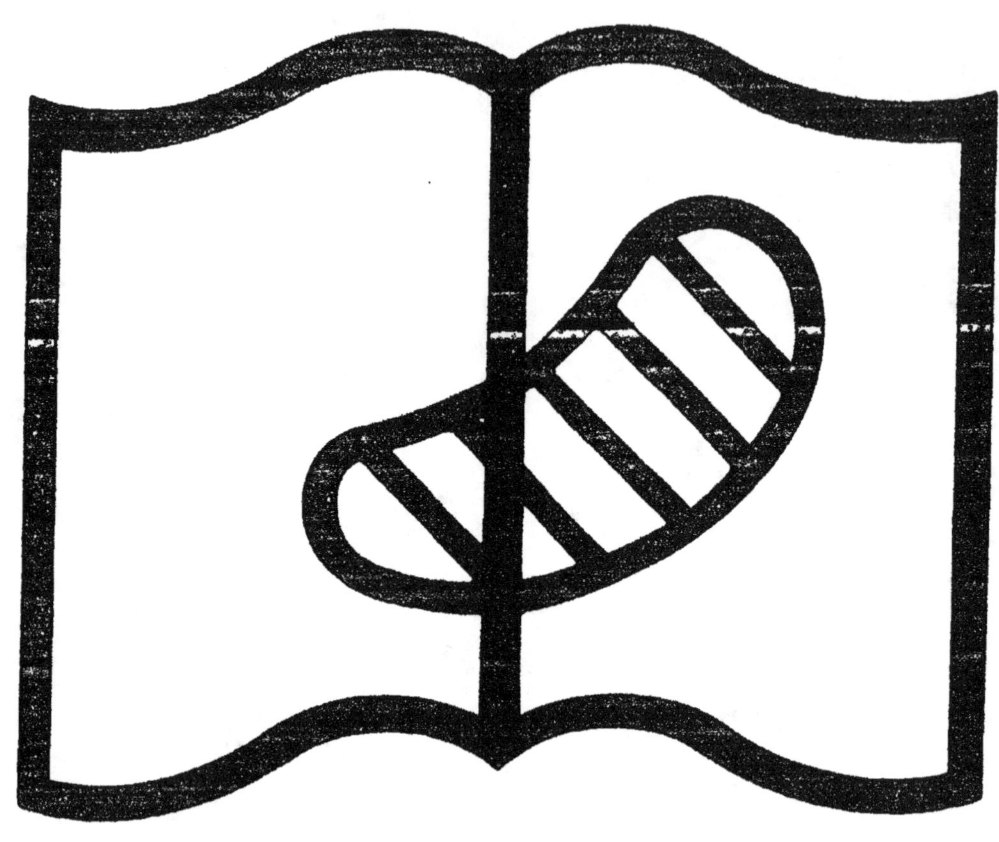

Symbole applicable
pour tout, ou partie
des documents microfilmés

Original illisible

NF Z 43-120-10

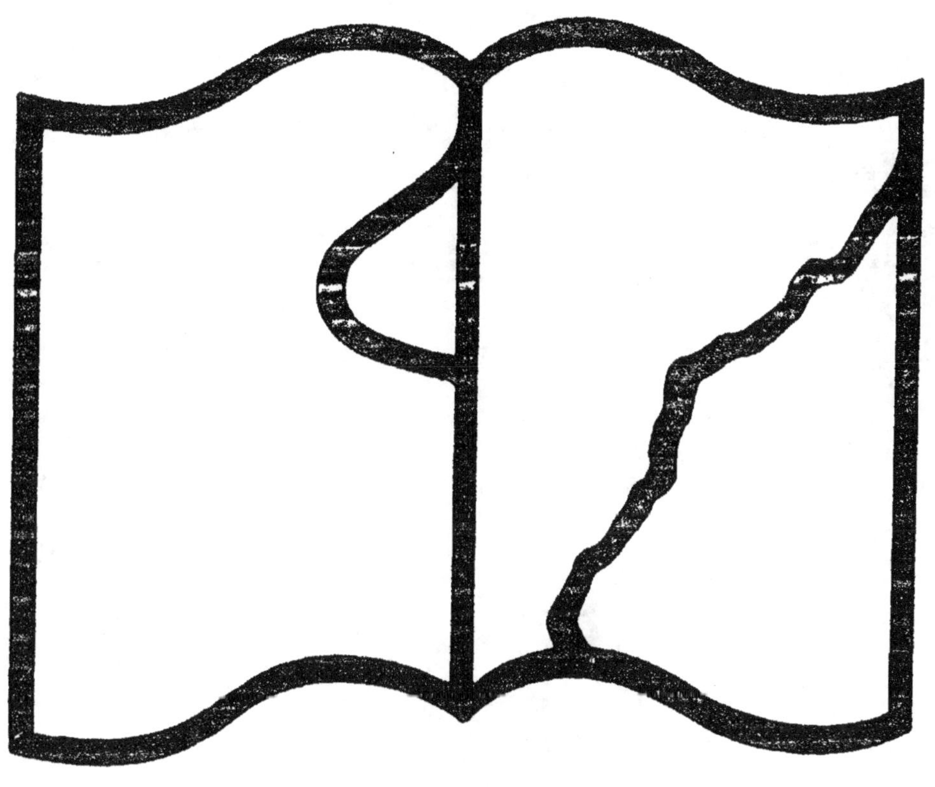

Symbole applicable
pour tout, ou partie
des documents microfilmés

Texte détérioré — reliure défectueuse

NF Z 43-120-11

LE

FAUST

DE GŒTHE

TRADUIT EN VERS FRANÇAIS

PAR

MARC-MONNIER

PARIS

SANDOZ ET FISCHBACHER, ÉDITEURS

33, RUE DE SEINE ET RUE DES SAINTS-PÈRES, 33

1875

LE FAUST

DE GŒTHE

OUVRAGES DU MÊME AUTEUR

La Ligne droite, comédie en un acte; in-12, 1854.

La Mouche du coche, comédie en un acte, en prose; in-12, 1858.

L'Italie est-elle la terre des morts? in-12, 1860.

Garibaldi. — Histoire de la conquête des Deux-Siciles. Notes prises sur place au jour le jour; in-12, 1861.

Les Amours premières; in-12, 1862.

Histoire du brigandage dans l'Italie méridionale; in-12, 1862.

La Camorra, mystères de Naples; in-12, 1863.

Pompéi et les Pompéiens; in-12, 1864. Édition illustrée de 22 gravures.

Les Aïeux de Figaro; in-12, 1868.

La Soupe aux choux, comédie en un acte; in-12, 1869

Le Docteur Gratien, comédie de marionnettes; in-12, 1870. 1 »

Théâtre de Marionnettes, avec une préface de Victor Cherbuliez; 1 vol. in-18. . . . . 3 50

Polichinelle (1852). La Princesse Danubia. (1855). — Le Roi Babolein. — Régina (1859). — Le Curé d'Yvetot (1861). — Paillasse (1866). — L'Equilibre (1867). . . . .

Faust, tragédie de marionnettes, 2e édition; in-12, 1871. . . . 2 »

Le Congrès de la Paix, comédie de marionnettes; in-18, 1871. . . . .

Poésies; 1 vol. in-18, 1872 . . . . 3 50

— sur papier de Hollande. . . . . 5 »

Genève et ses Poètes, du XVIe siècle à nos jours; 1 vol. in-8°, 1874. 7 50

La Vie de Jésus racontée en vers français d'après les Évangiles.

— — Deuxième édition, revue et corrigée; 1 vol. in-8°, 1874. . . . . 6 »

— — Édition princeps sur papier de Hollande. . . 20 »

PARIS. — J. CLAYE, IMPRIMEUR, 7, RUE SAINT-BENOIT — (2210)

LE

FAUST

DE GŒTHE

TRADUIT EN VERS FRANÇAIS

PAR

MARC-MONNIER

PARIS

SANDOZ ET FISCHBACHER, ÉDITEURS

33, RUE DE SEINE ET RUE DES SAINTS-PÈRES, 33

—

1875

Cet ouvrage a été tiré sur papier de Hollande à 500 exemplaires,
tous numérotés.

EXEMPLAIRE N°

LE FAUST

DE GOETHE

PROLOGUE

DANS LE CIEL[1]

LE SEIGNEUR, Les Phalanges célestes, puis MEPHISTOPHELES.

Les trois archanges s'avancent

RAPHAEL.

Le soleil dans les chœurs des sphères
Répand un hymne radieux ;
Il achève au pas des tonnerres
L'orbe qu'il décrit dans les cieux.
Nul œil ne le sonde ; il ranime
En nous l'énergie et l'amour ;

L'œuvre ineffablement sublime
Est belle comme au premier jour.

GABRIEL.

Rapide, étrangement rapide,
La terre à nos pieds tourne et fuit,
Passant de la clarté limpide
A la profonde horrible nuit.
La mer jette ses larges ondes
En écume aux rocs décharnés,
Et roc et mer sont entraînés
Dans l'éternel remous des mondes.

MICHEL.

Et des rives aux flots, des flots
Aux rives promenant sa rage,
Dans une action sans repos
Roule, gronde, éclate l'orage.
Mais les éclairs ouvrent en vain
La route aux foudres qui dévorent,
Tes messagers, Seigneur, adorent
Le calme de ton jour divin.

A TROIS.

Seigneur, ton regard nous ranime

Mais nul ne sonde ton amour;
L'œuvre ineffablement sublime
Est belle comme au premier jour.

MEPHISTOPHÉLÈS.

Seigneur, puisque tu veux savoir ce qui se passe
Au monde infime d'où *je viens*,
Et qu'autrefois tu m'as reçu de bonne grâce,
Tu me vois au milieu des tiens.
Pardon, mais les grands mots, je ne sais pas les dire :
Mon pathos se ferait huer par tes élus,
Et toi-même en rirais, si tu voulais bien rire,
Seigneur, toi qui depuis si longtemps ne ris plus.
Le soleil, les hymnes des sphères,
Ce ne sont pas là mes affaires;
Je songe à l'homme, à ses ennuis.
Le petit dieu du monde est, soit dit sans offense,
Aussi drôle qu'en son enfance;
Il n'a guère changé depuis.
Certe il se conduirait de façon plus honnête,
Sans ce reflet de toi qu'il appelle *raison*
Et qui le rend plus bête encore qu'une bête.
Ta grâce permet-elle une comparaison?
Cigale à longue jambe, il vole,
Saute en volant, redit ses refrains obstinés
Et retombe dans l'herbe molle.

Encor s'il y restait! Mais ce qui me désole,
C'est que dans toute ordure il va fourrant son nez.

LE SEIGNEUR.

Quoi! n'as-tu rien autre à me dire?
Toujours accuser et maudire?
Sur la terre il n'est rien de bon?

MEPHISTOPHELES.

Non, Seigneur, et franchement, non.
Tout cloche et boite sur la terre;
L'homme est un si pauvre animal,
Que je n'ai pas le cœur de lui faire du mal :
Il me donne un bon caractère.

LE SEIGNEUR.

Connais-tu Faust?

MEPHISTOPHELES.

Qui? le docteur?

LE SEIGNEUR.

Mon serviteur.

MEPHISTOPHELES.

Un serviteur
Qui vous sert d'une étrange sorte,
Qui ne mange, ne boit rien de terrestre : un fou
Que son effervescence emporte

On ne sait où.
Il se doute à demi que sa tête est mauvaise.
Du ciel, de la terre, à son aise
Il veut les plus vives clartés,
Les plus sublimes voluptés;
Mais, près ou loin, rien ne l'apaise
Dans ses rêves surexcités.

LE SEIGNEUR.

S'il ne peut qu'à tâtons encor suivre ma voie,
Bientôt je veux au jour le mener par la main;
Le jardinier sait bien, quand l'arbuste verdoie,
Que des fleurs et des fruits le couvriront demain.

MEPHISTOPHÉLÈS.

Parions, voulez-vous? Faust est perdu sans doute,
Perdu pour vous, si vous souffrez que sur ma route
A mon gré je l'emmène et l'y fasse marcher.

LE SEIGNEUR.

J'accepte. Aussi longtemps qu'il sera sur la terre,
Rien ne t'est défendu. L'homme erre
Tant qu'il s'évertue à chercher.

MEPHISTOPHÉLÈS.

Soit, et je t'en sais gré. Je n'ai d'aucune sorte
L'amour des morts; ce qui m'importe,

C'est un visage frais, bouffi.
Mais à moi des cadavres? Fi!
Quel chat veut d'une souris morte?

LE SEIGNEUR.

C'est bien, j'accepte le défi.
Fais ton ouvrage, ouvre la lutte,
Détourne de sa source, entraîne dans ta chute
Cet esprit qui fut sous ma main,
Et sois confus, s'il faut que ta bouche proclame
Qu'un homme bon, dans l'ombre où tâtonne son âme,
Garde la conscience encor du droit chemin.

MEPHISTOPHELES.

C'est possible, mais pas bien longtemps, je vous jure.
Je ne crains rien pour ma gageure.
Mais, quand j'aurai gagné, souffrez que de mon sein
Monte un cri de triomphe. Oui, je veux que ma proie
Morde enfin la poussière, et la morde avec joie,
Comme le serpent, mon cousin.

LE SEIGNEUR.

Même en ceci, liberté pleine.
Pour tes pareils, au fond, je n'eus jamais de haine.
Les gens qui me disent enclin
A la fureur me calomnient;
Et, de tous les esprits qui nient,

Celui qui m'est le moins à charge est le malin.
L'homme se lasse vite et renonce à la tâche,
Il voudrait dormir comme un lâche;
J'ai donc grand soin de l'escorter
D'un camarade impitoyable
Pour le stimuler, l'exciter,
Faire enfin l'office du diable.
Mais vous, les fils des dieux, que votre œil enchanté
Goûte en paix l'éternelle et vivante beauté;
Que la création, qui vit sans cesse active,
Vous tienne en son amour doucement enlacés;
Que chaque image enfin qui flotte, fugitive,
Se fixe et dure en vos pensers!

Le ciel se ferme. Les archanges se séparent.

MEPHISTOPHELES, *seul.*

De temps en temps, je vois le Vieux. Je le ménage,
Loin de rompre avec lui. C'est charmant, en effet,
Que, même avec le diable, un si grand personnage
Cause humainement, comme il fait.

LA TRAGÉDIE

NUIT

Dans une chambre gothique, étroite, à hautes voûtes, Faust est dans son fauteuil, devant son pupitre, et paraît agité

FAUST.

J'ai tout appris : philosophie,
Droit, médecine et chirurgie,
Même, hélas! la théologie.
Tout fouillé d'un esprit fervent;
Maître et docteur — âne savant! —
J'en sais juste aussi long qu'avant.
Les écoliers dont je me charge,
Dix ans je les ai promenés
En haut, en bas, en long, en large,
En travers, en biais, par le nez.
Je vois qu'on ne sait rien au monde,
Voilà ce qui navre mon cœur.
Quand j'entends ergoter en chœur

Les nigauds dont la terre abonde,
Magister, docteur, moine ou clerc,
J'en sais plus qu'eux tous; jamais doute
Ni scrupule ne me déroute,
Ni peur du diable et de l'enfer.
Mais toute joie aussi m'est désormais ravie.
Je ne sais rien qui vaille et je n'enseigne rien
Qui puisse épurer l'homme et l'amener au bien.
Je n'ai rien de ce qu'on envie :
Argent, crédit, honneurs, tout me manque, — et ma vie
Nul n'en voudrait, pas même un chien!
Aussi, je fais de la magie.
Ah! si, par un secret nouveau,
Le puissant Esprit que j'implore
Pouvait dispenser mon cerveau
De toujours suer sang et eau
Pour enseigner ce qu'il ignore!
Ah! si je pouvais, de mes yeux,
Voir dans les entrailles du monde
Ce qui l'active et le féconde,
Et ne plus vendre des mots creux!

Pourquoi n'est-ce pas, lune claire et pleine,
La dernière fois que mon âme en peine
Veille à ce pupitre et sur ce papier
Où, sans la trouver jamais endormie,

Souvent, à minuit, tu vins l'épier,
Triste et pâle amie?
Oh! que ne puis-je être porté
Sur les sommets, dans ta clarté,
Voir les esprits que tu gouvernes,
Flotter près d'eux dans les cavernes,
Aux prés dans tes brumes courir,
Affranchir mon âme écrasée
Sous la science et la guérir
En me baignant dans ta rosée!

Malheur! En un cachot obscur
Je souffre : un maudit trou de mur,
Des vitraux qu'à peine illumine
La douce lumière des cieux;
Un tas de livres odieux
Pleins de poussière et de vermine;
Jusqu'en haut, du papier noirci;
Tout autour, des boîtes, des fioles,
Des instruments, doctes babioles,
Des meubles de famille aussi
Dormant dans une paix profonde...
Pauvre fou! ton monde est ici;
C'est là ce qu'on appelle un monde!

Et tu peux demander pourquoi

Ton pauvre cœur se serre en toi,
Quelle souffrance inexplicable
Comprime ta vie et l'accable,
Quand, au lieu du vaste univers,
De la Nature aux bras ouverts
Qui vit par Dieu même animée,
Ce coin d'où jamais tu ne sors
N'est que moisissure et fumée,
Froids squelettes et crânes morts!

Fuis! alerte! à la vie humaine!
Au large monde! aux vastes cieux!
C'est Nostradamus qui t'y mène
Par son livre mystérieux.
Tu sauras où là-haut vont ces globes de flamme,
Tu sentiras doubler les forces de ton âme,
Si la Nature, ouvrant enfin tes yeux surpris,
Te parle comme entre eux se parlent deux esprits.
Vainement ta pensée aride
T'explique les signes sacrés,
Tu ne les as point pénétrés.
Esprits qui flottez dans le vide,
Si vous m'entendez,
Répondez!

Il ouvre le livre et aperçoit le signe du Macrocosme *.)

Mais, quoi ! qu'est-ce donc qui m'enivre?
Tout mon être en est frémissant,
Jeune et pur bouillonne son sang...
O joie ! ô volupté de vivre !
C'est donc un dieu qui l'a tracé,
Le signe sacré qui m'apaise,
Qui retrempe mon cœur lassé,
Le fait, joyeux, bondir à l'aise,
Et, d'un élan mystérieux,
Dévoile et déroule à mes yeux
Tes forces vives, ô Nature !
Suis-je un dieu ? — Ma vie est si pure !
La nature agissante en ces traits resplendit.
Ah ! je comprends enfin ce que le Sage a dit :
« Le monde des Esprits demeure ouvert encore. »
Sus, écolier ! Ton cœur est mort, ton œil est clos,
Mais vois la pourpre de l'aurore,
Va baigner ton sein dans ces flots !

(Il contemple le signe.)

Vois comme chaque chose au grand tout collabore :
Comme les fils, poussés dans la trame en avant,
Pénètrent l'un dans l'autre, agissant et vivant !
Et les forces d'en haut, phalanges immortelles
Se passant les seaux d'or, viennent des cieux ouverts,
Traversent en chantant le monde, et l'univers

Harmonieusement tressaille sous leurs ailes.
Quel spectacle ! Un spectacle, et rien de plus, hélas!
O Nature ! comment te prendre dans mes bras ?
Où sont tes puissantes mamelles ?
Les sources de vie, où sont-elles ?
Terre et cieux à ce flot divin
Vont boire ; il ruisselle, il inonde,
Il abreuve et nourrit le monde...
Et moi, je me consume en vain !

(Il tourne quelques feuillets avec dépit et aperçoit le signe de l'Esprit de la terre [1].)

Mais sur mon esprit solitaire
Comme ce nouveau signe agit différemment!
C'est toi, grand Esprit de la terre.
Je suis plus près de toi ; ma force en un moment
Grandit, un vin nouveau m'enivre,
Je me sens le besoin de vivre,
Je veux prendre ma part de joie et de douleur,
Je veux tenir tête aux orages,
Rester calme, debout, sans peur.
Dans les craquements des naufrages.
Mais là-haut passe une vapeur.
La lune meurt, la lampe est presque éteinte. Il fume :
Un jet de feux rouges s'allume
Sur mon front. Du plafond noirci
Un froid qui tombe m'a transi.

Ah ! c'est lui, c'est l'Esprit invoqué, qui palpite
Autour de moi fatalement.
Dans mon sein quel déchirement !
Tout mon être se précipite
Vers lui, plein d'ivresse et d'effroi.
Esprit voilé, découvre-toi !
Je t'offre mon âme ravie :
Viens, prends-la toute, accours, il le faut, tu le doi...
Viens, dût-il m'en coûter la vie !

(Il saisit le livre et prononce mystérieusement la formule de l'Esprit. Une lueur rouge jaillit, l'Esprit paraît dans la flamme.)

L'ESPRIT.

Qui donc m'appelle ?

FAUST, se détournant.

Horreur !

L'ESPRIT.

Comment ?
Tu m'as arraché puissamment
A ma sphère par ton empire,
Puis...

FAUST.

Je ne peux te supporter.

L'ESPRIT.

Quoi ! tu veux me voir, m'écouter,

Ton souffle m'enlève et m'aspire...
Et me voici — mais toi si grand,
Toi surhumain, la peur te prend ?
Où donc est l'appel qui me presse ?
Où donc est le sein frémissant
Qui, créant, portant, nourrissant
Tout un monde à lui, fou d'ivresse,
Fou d'orgueil, avait entrepris
De s'égaler à nous, esprits ?
Mais où donc es-tu, Faust ? Un homme de ta trempe
Qui se ruait vers moi si puissant et si fier,
A mon souffle, de tous ses membres tremble, rampe,
Transi, recourbé comme un ver !

FAUST.

Moi, reculer ? spectre de flamme,
Oui, je suis Faust, je le proclame,
Ton égal, nous marchons de pair.

L'ESPRIT.

La vie est une onde, et, flottant sur elle,
Je descends, je monte, allant et nageant ;
La mort, la naissance : un tissu changeant,
Une vie ardente, une onde éternelle.
Au métier bruyant travaillant sans fin,
Je tisse à mon Dieu son manteau divin.

FAUST.

Vif esprit, flamme vagabonde
Qui flottes dans le vaste monde,
Combien je me sens près de toi!

L'ESPRIT.

Toi, mon pareil? Tu peux t'égaler, pauvre sage,
A l'esprit que le tien conçoit, mais pas à moi.

(Il disparaît.)

FAUST, terrassé.

Pas à toi? Mais alors à qui donc? Moi, l'image
De Dieu, pas même à toi?

(On frappe.)

Mort et damnation!
Mon Famulus! * voilà ma chère vision
Et mon bonheur mis en déroute
Par un pédant froid, plat et sec.

WAGNER, en robe de chambre, en bonnet de nuit, une lampe à la main.

Faust se retourne avec colere.

Maître, vous déclamiez sans doute
Quelque scène tragique en grec.
Permettez que je vous écoute
Pour mon profit et pour mon bien;

Un comédien est un maître
Qui peut en remontrer, m'a-t-on dit, même au prêtre.

FAUST.

Oui vraiment, si le prêtre est un comédien :
C'est parfois arrivé.

WAGNER.

Cloîtrés comme nous sommes,
Ne voyant nos pareils que de loin, tout là-bas,
Le dimanche, à travers une lunette, hélas!
Comment persuader les hommes ?

FAUST.

On persuade quand on sent ;
Qui ne sent rien ne peut convaincre. C'est de l'âme
Que jaillit l'éclair et la flamme ;
De là vient le charme puissant
Qui séduit tous les cœurs. Mettez-vous à la tâche.
Cuisinez, faites sans relâche
Des miettes d'autrui vos ragoûts,
Et soufflez un feu de trois sous
Sur votre petit tas de cendre,
Tous les enfants seront à vous,
Les singes viendront vous entendre,
Mais les hommes iront ailleurs ;
Le cœur seul fait battre les cœurs.

WAGNER.

Cependant c'est chose opportune
Que le débit. S'il en a soin,
Un orateur fait sa fortune.
Je sens fort bien cela, mais que j'en suis donc loin!

FAUST.

Cherchez donc un succès honnête,
Laissez au fou ses vains grelots :
Peu d'art suffit à bonne tête,
Et le bon sens, malgré les sots,
Sait de lui-même se produire.
Quand on a quelque chose à dire,
Pourquoi faire la chasse aux mots ?
Pleines de bribes ramassées,
Que font vos phrases cadencées ?
Le bruit des vents brumeux et froids
Dans les feuilles sèches des bois.

WAGNER.

Dieu! l'art est long, la vie est brève.
Et je sens quand, sans paix ni trêve,
Je fais de la critique à fond,
Que ma tête et mon cœur s'en vont.
Que de pas pour aller aux sources !
Un brave homme, en ces longues courses,
Peut bien mourir à mi-chemin.

FAUST.

Quoi! se peut-il qu'un parchemin
Soit la source dont l'eau sacrée
Calme à jamais l'âme altérée ?
Ce qui donne paix et bonheur
Ne peut jaillir que de ton cœur.

WAGNER.

Pardon. On fait de beaux voyages
Dans l'esprit des siècles passés.
Peut-on se réjouir assez
Quand on écoute les vieux sages,
De les avoir tant dépassés ?
Car nous allons...

FAUST.

Jusqu'aux étoiles !
Ah ! les temps passés, voyez-vous,
Nous sont cachés sous bien des voiles ;
C'est le livre aux sept sceaux pour nous.
Qu'appelle-t-on l'esprit des temps ? Ce n'est en somme
Que l'esprit de certains messieurs
Qui reflète les temps. Ce spectacle m'assomme;
On se sauve aussitôt qu'on y jette les yeux :
Un sac d'ordures méphitiques,
Un drame à grands mots enfantins.

Plein de sentences didactiques
Pour un théâtre de pantins.

WAGNER.

Mais le monde, le cœur, l'esprit, la vie et l'être,
On tient à les connaître un peu. Direz-vous non ?

FAUST.

Oui, ce qu'on appelle connaître !
Hé! qui donc peut donner à l'enfant son vrai nom?
Quelques-uns eurent des idées
Là-dessus, qu'ils n'ont pas gardées ;
Au peuple ils se sont confiés.
Pauvres fous! et la multitude
Les a brûlés, crucifiés.
Voilà l'humaine gratitude !
Mais de grâce, ami, le temps fuit :
Restons-en là pour cette nuit.

WAGNER.

J'aurais encor veillé sans fatigue et sans pause,
Car c'était bien savant, tout ce que nous disions !
Mais demain, jour de Pâque, il faut que je vous pose,
S'il vous plait, maître, encore une ou deux questions.
Je lis, j'étudie et j'écoute
De tout mon zèle et mon pouvoir ;

Je sais déjà beaucoup sans doute,
Mais je voudrais bien tout savoir!

(Il sort.)

FAUST, seul.

Quoi! pour celui-là seul l'avenir n'est pas vide,
Qui sur de vains objets fixe un œil complaisant?
Son cœur est satisfait quand, d'un regard avide,
Il cherchait une étoile et trouve un ver luisant?

Quoi! cet homme n'a pu se taire
Où parlaient les esprits de leur sublime voix?
Mais je te bénis cette fois
O toi, le plus chétif des enfants de la terre!
Tu m'arrachas au désespoir
Qui troublait ma raison rebelle.
Cette apparition si gigantesque à voir
Épouvantait mes yeux, j'étais un nain près d'elle.

Moi, le reflet vivant de la Divinité,
Moi, qui croyais déjà toucher au miroir même
De l'éternelle vérité;
Qui, jouissant de moi, dans la splendeur suprême
Des cieux, me dépouillais de mon humanité;
Moi, plus qu'un chérubin; moi, dont les forces libres,

O Nature, allaient avant peu
Dans tes veines couler, palpiter dans tes fibres
Et créer, pressentant des voluptés de dieu!
Ce rêve de béatitude,
Il est durement expié...
Un mot, un seul, m'a foudroyé!

Me mesurer à toi! — moi! — Dans ma solitude
J'ai bien pu t'attirer, mais non te retenir.
J'étais là, si petit, si grand! — Mais ton mot rude
M'a rejeté, pour me punir,
Dans la misère humaine et dans l'incertitude.
Qui donc voudra m'instruire? Où donc n'irai-je pas?
Vers qui tourner mes espérances?
Faut-il suivre l'élan de ma pensée? Hélas!
Nos actes comme nos souffrances
Dans la vie arrêtent nos pas.

Ce que l'esprit conçoit de plus noble s'altère
Au mélange incessant de notre impureté;
Sitôt qu'on a gagné les biens de cette terre,
Ce qui vaut mieux paraît mensonge ou vanité;
Toute ardeur sublime et sincère
S'éteint au vent brutal de la réalité.
Le rêve prend l'essor, plein d'espoir et d'audace,
Et jusqu'à l'Éternel voudrait monter sans peur...

Mais comme il lui faut peu de place
Quand le temps, feuille à feuille, a pris tout son bonheur!
Le souci dans le cœur s'arrête,
Y porte une douleur secrète,
Trouble tout, paix et joie, et s'agite en tous sens,
Sous mille masques nous assiége :
C'est la maison, la cour, la femme, les enfants,
L'eau, le feu, le poignard ou le poison, que sais-je?
L'homme ainsi tremble ou crie avant d'être mordu
Et pleure jour et nuit ce qu'il n'a pas perdu.

Moi, ressembler aux dieux? Erreur vaine et grossière.
Je suis un pauvre ver qui rampe, humilié,
Vit et se nourrit de poussière,
Et qu'un passant écrase, enterre sous son pié!

Hé! que vois-je autre chose, étreint dans les limites
De ces hauts murs, parmi ces rayons, ces papiers
Et tout ce fatras de fripiers?
Poussière, poussière et termites!
Trouver ce qui me manque en ce taudis poudreux?
Me faut-il des milliers de livres pour y lire
Que partout on souffre, on délire,
Et que de loin en loin passe à peine un heureux?
Que ricanes-tu là, crâne vide et posthume?
Qu'un jour, comme le mien, ton esprit échappé

Courut vers la lumière et tomba dans la brume,
Et que, cherchant le vrai, toujours il s'est trompé?
Vous, instruments, pourquoi me jouer de la sorte?
Rouages, cercles, dents, j'avais beau recourir
A votre vain pouvoir : j'étais devant la porte,
Vous en étiez la clé, vous n'avez su l'ouvrir.
La nature mystérieuse
Ne se dépouille pas de son voîle ici-bas,
Et ce qu'elle dérobe à ta vue orgueilleuse,
Les vis ni les leviers ne le lui prendront pas.

Et toi, vieux mobilier dont je n'ai plus que faire,
Pourquoi restes-tu donc ici?
C'est que tu servis à mon père.
Et toi, vieille poulie, aussi,
Ton bois s'est-il assez noirci
Depuis que cette lampe a fumé sur ma table?
Je n'ai que peu de bien, mais ce peu là m'accable.
Hé! pourquoi donc l'ai-je gardé?
Un patrimoine, mince ou large,
Quand il n'est pas conquis, est-il donc possédé?
Ce qui ne sert de rien n'est qu'une lourde charge,
Et rien ne peut servir à chaque instant qui fuit,
Sinon ce qu'en fuyant lui-même il a produit.

Mais sur un point mon œil s'arrête.

Quoi! cette fiole est donc un aimant pour mes yeux?
Quelle douce clarté luit à mon âme en fête,
Rayon de lune au fond d'un bois mystérieux?

. . . .

Salut, fiole bénie, unique en ta puissance!
Avec recueillement je te prends dans mes mains;
J'honore en toi l'esprit et le travail humains.
Dans les doux sucs de ton essence
On boit le sommeil ou la mort.
Donne tes faveurs à ton maître!
Je te vois, ma douleur s'endort;
Je te prends, ma paix va renaître,
Le calme se fait dans les airs:
A mes pieds des flots purs et clairs,
Devant moi la rive nouvelle;
Un jour nouveau me la révèle,
Je vogue sur les hautes mers.

Un char de feu vers moi s'élance à grands coups d'ailes
Sur des chemins où nul avant moi n'est venu;
Je suis prêt à courir au pays inconnu
De l'activité pure, aux sphères éternelles.
Vie heureuse et sublime, ô saintes voluptés!
Mais ces biens, vermisseau, les as-tu mérités?
Oui, que ton âme soit donc forte!
Fais au doux soleil tes adieux!

Enfonce hardiment la porte
Devant laquelle on glisse en détournant les yeux!
Il faut enfin montrer par des faits qui nous sommes,
Et que la dignité des hommes
Vaut la sublimité des dieux;
Ne pas craindre ce gouffre où, dans un vide sombre,
L'imagination voit des tourments sans nombre
Et s'y condamne en les créant;
Forcer l'étroite issue où tout l'enfer flamboie,
Et m'y jetant, ivre de joie,
N'importe à quel péril, fondre dans le néant.

Toi que j'oubliai tant d'années,
Sors, ma coupe, du vieux étui!
Aux banquets des aïeux, dans les grandes journées,
Souvent ton cristal a relui.
Passant de main en main, tu rendais l'allégresse
Au buveur le plus triste; et comme on admirait
Ton élégance et ta richesse!
On te chantait en vers, on te vidait d'un trait.
O douces nuits de ma jeunesse!
Je ne dois plus, en ma gaîté,
Te tendre au voisin que j'invite,
Rimer ta grâce et ta beauté;
Mais vois comme il enivre vite
Le breuvage au flot noir que tu vas contenir!

Je l'ai choisi moi-même et préparé moi-même.
D'un cœur haut et joyeux, libation suprême,
Je bois au jour qui va venir.

Il porte la coupe à ses lèvres.

Sons de cloches et chants en chœur.

CHŒUR DES ANGES.

Christ est ressuscité,
Paix au monde agité!
Joie aux fils de la terre
Que, d'un lien fatal,
La faute héréditaire
Enlace, enchaîne au mal!

FAUST.

Mais quel chant doux et clair, quelles saintes volées
M'arrachent la coupe des mains?
Sonnez-vous pour dire aux humains
Que la Pâque est venue, ô cloches ébranlées?
Ce chœur est-il celui que chantaient, pleins d'amour,
Les anges du sépulcre apportant sous leur aile
L'assurance d'un nouveau jour
Et d'une alliance nouvelle?

CHŒUR DES FEMMES.

Nous l'avions embaumé.

Le Maître bien-aimé,
Lié dans un suaire
Et couché dans sa bière;
Maintenant nous voici
Cherchant d'un œil avide,
Mais il n'est plus ici :
Voyez, la tombe est vide.

CHŒUR DES ANGES.

Christ est ressuscité.
Paix aux fils de la terre,
Quand ils ont affronté
Le combat salutaire,
L'épreuve de douleur
Qui retrempe le cœur!

FAUST.

Pourquoi donc, chants du ciel, si puissants et si doux,
Dans ma poussière venez-vous?
Plus d'un faible esprit vous réclame;
Allez donc a lui, laissez-moi.
J'entends l'appel en vain, la foi manque à mon âme;
Le miracle est le fils bien-aimé de la foi.
Le pays inconnu d'ou la bonne nouvelle
Descend, n'attire pas mon esprit éperdu;
Mais ce bruit tant de fois dès l'enfance entendu

A la vie encor me rappelle.
Chaque dimanche alors descendait doucement
Sur moi l'amour d'en haut ainsi qu'une caresse :
Les cloches me donnaient comme un pressentiment
Du ciel, et la prière, une extatique ivresse.
Vers les bois et les prés, tout frémissant d'émoi,
Je courais entraîné par d'ineffables charmes :
Je sentais, dans des flots de larmes,
Tout un monde éclore pour moi.
Cet air qui m'annonçait les jeux, les innocences
Du printemps, les folles vacances,
Aujourd'hui même apaise et berce mes esprits,
M'arrête au dernier pas, me ramène à l'aurore.
O voix du ciel, chantez encore !
Mes larmes ont coulé, la terre m'a repris.

CHŒUR DES DISCIPLES.

Il est, quittant la pierre
Où nous l'avions couché,
Monté dans la lumière
Le Maître sans péché.
Dans la sphère sacrée
Où l'on aime, où l'on crée,
Ses yeux vont se rouvrir ;
Cependant sur la terre,
Famille solitaire,

Nous restons pour souffrir.
Tu nous laissas derrière,
Nous les tiens, ô Seigneur ;
Nous pleurons ton bonheur.

CHŒUR DES ANGES.

Christ est ressuscité
De la souillure humaine :
Homme, brise ta chaîne
Et marche en liberté !
Et vous, toutes les âmes
Qu'il brûle de ses flammes,
Frères qui partagez,
Prêcheurs qui voyagez,
Guides montrant ses voies,
Prophètes de ses joies,
Près de vous le voici :
Le Seigneur est ici !

DEVANT LA PORTE DE LA VILLE

Des promeneurs de toute espèce en sortent.

QUELQUES OUVRIERS.

Où donc allez-vous de ce pas ?

D'AUTRES.

Là-bas, à la maison de chasse.

LES PREMIERS.

Nous, au moulin.

UN OUVRIER.

Grand bien vous fasse !
Mais pourquoi pas au château d'eau ?

DEUXIEME OUVRIER.

C'est que le chemin n'est pas beau.

LES SECONDS OUVRIERS.

Et toi ?

TROISIEME OUVRIER.

Je vais avec les autres.

QUATRIEME OUVRIER.

Nous à Burgdorf. Soyez des nôtres :
On y trouve de plus beaux yeux,
On boit plus frais, on se bat mieux.

CINQUIÈME OUVRIER.

Vraiment, ta folie est extrême :
Trois fois battu, pauvre garçon,
Tu veux l'être une quatrième ?
Vas-y seul. J'en ai le frisson.

UNE SERVANTE.

Non, je veux rentrer à la ville.

UNE AUTRE.

Nous le trouverons, sois tranquille,
Sous les peupliers.

LA PREMIERE.

Non, ma foi.
Il vient pour toi, va près de toi,
Danse avec toi sur la pelouse,
Tu me veux pour témoin ? Merci.

L'AUTRE SERVANTE.

Il m'a dit, petite jalouse,
Que le frisé viendrait aussi.

UN ÉTUDIANT, à son camarade.

Vois-tu l'une et l'autre poulette?
Suivons-les en les provoquant.
Voici mes goûts : tabac piquant,
Forte bière et fille en toilette.

UNE DEMOISELLE, à sa compagne.

Vois les beaux garçons. C'est honteux,
N'est-ce pas? Ils ont devant eux
Tant de gens de bonnes manières
Et vont avec des cuisinières!

UN SECOND ETUDIANT, au premier.

Hé! pas si vite! En voilà deux
Qui ne sentent pas la cuisine;
Elles sont mises gentiment;
L'une des deux est ma voisine,
J'ai pour elle un doux sentiment.
Bien qu'elles aillent lentement,
Elles nous rejoindront sans peine.

LE PREMIER ETUDIANT.

Fi donc! Je n'aime pas la gène.

Suivons notre gibier. Hardi !
Crois-moi, la main plus ou moins blanche,
Qui tient le balai samedi,
Saura mieux caresser dimanche.

UN BOURGEOIS.

Qui ? Le nouveau bourgmestre ? Il est
Toujours plus raide et me déplaît.
Et puis qu'a-t-il fait pour la ville ?
Tout va mal. Il faut sous ses lois
Plus qu'autrefois être servile,
Payer surtout plus qu'autrefois.

UN MENDIANT, *chante.*

Vous, beaux messieurs ; vous, belles dames,
Si bien parés, la joue en fleur,
Soyez pour moi de bonnes âmes,
Prenez pitié de ma douleur !
Faut-il qu'en vain je vous arrête ?
Pour être en joie, ouvre ta main ;
Ce jour à tous offre une fête,
Qu'il donne au pauvre un peu de pain.

AUTRE BOURGEOIS.

Moi, les jours fériés, rien ne m'amuse comme
Un récit de combats, quand loin, bien loin de nous,

A l'autre bout du monde, en Turquie, on s'assomme
Entre peuples roués de coups.
Je suis à la fenêtre et je vois la rivière
Où mille bateaux peints filent en rangs épais;
Et puis, quand j'ai vidé mon verre,
Je m'en reviens le soir en bénissant la paix.

TROISIEME BOURGEOIS.

Bien dit, voisin; j'en suis, que diantre!
Que tout soit sens dessus dessous
Et qu'on s'égorge et qu'on s'éventre,
Mais que tout aille bien chez nous!

UNE VIEILLE, aux deux demoiselles.

Le beau sang, les fraiches toilettes!
En vous voyant on reste coi.
Mais moins de fierté, mes fillettes;
Ce qu'il vous faut, je sais bien quoi,
Le voulez-vous? Venez à moi.

LA SECONDE DEMOISELLE, à l'autre.

Passons, Agathe. Ah! je frissonne.
Gardons qu'on nous rencontre ici
Près des sorcieres. Celle-ci
M'a pourtant fait voir en personne,
Pendant la nuit de Saint-André,
Le beau garçon que j'aimerai.

L'AUTRE DEMOISELLE.

Parmi d'autres soldats, en brillant uniforme,
Dans le cristal aussi l'on m'a montré le mien ;
Dès lors je vais, je viens, je regarde et m'informe,
Je cherche à droite, à gauche, rien.

DES SOLDATS.

A nous le rempart et la citadelle,
La fière beauté qui va le front haut !
Dur est le combat, la victoire est belle ;
Soldats, à l'assaut !
La trompette sonne et ce bruit enivre ;
Fanfare de joie ou signal de mort,
C'est une tempête où l'on se sent vivre,
Où le cœur bat fort.
Allons ! rendez-vous, fille ou citadelle,
A nous vos remparts, à nous vos beautés !
Dur est le combat, la victoire est belle :
Soldats, repartez !

FAUST ET WAGNER.

Les ruisseaux, les torrents ont vu fondre leur glace
Au vif et doux regard du printemps revenu :
L'espérance verdit dans les plaines, et chasse

Sur les monts l'hiver faible et nu
Qui de là-haut, sur les vallées
Lance, dans sa fuite, en tremblant.
Ses impuissantes giboulées.
Le soleil ne veut rien de blanc ;
Il égaye, anime, décore,
Il donne à tout vie et couleur,
Et, n'ayant pas de fleur encore,
Pare l'homme au lieu de la fleur.
Retourne-toi. Vois-tu d'ici comme la foule
Cherche le soleil et s'écoule
Par la porte de la cité.
Pour fêter la fin du carême
Et le Seigneur ressuscité,
Elle ressuscite elle-même.
Fuyant les ateliers étroits,
Les maisons basses, froides, crues,
Fuyant l'étranglement des rues,
Fuyant l'écrasement des toits
Et l'auguste nuit des églises,
Tous ces hommes vont au grand jour,
Dispersés à toutes les brises,
Dans les campagnes d'alentour.
Sur le fleuve aussi que de monde !
Tout chargé, le dernier bateau
Est près de s'enfoncer dans l'eau ;

La foule bigarrée abonde
Même là-bas, sur le coteau ;
Le hameau pousse un cri champêtre,
Les grands, les petits sont joyeux,
Le ciel du peuple est sous nos yeux...
Ici je suis homme ! — Ici je peux l'être.

WAGNER.

Marcher près de vous me suffit,
C'est tout honneur et tout profit,
Sire docteur ; mais, dans ces foules,
Sans vous je n'aurais pas été :
Je hais toute grossièreté :
Ces violons, ces jeux de boules
Et ces cris n'ont rien d'alléchant ;
Ils sont tous possédés du diable.
Hé quoi ! ce tapage effroyable,
C'est de la joie, et c'est du chant ?

PAYSANS, [illegible] le [illegible].

Voici le pâtre : habits flambants
Tout plein de fleurs et de rubans.
En cadence ! en cadence !
Sous le tilleul nous voilà tous,
Tous à danser comme des fous.
Traderira, la la,

Voilà
L'archet aussi qui danse!

D'un coup de coude, le vilain
Heurte une fille à l'air mafin
Qui dansait à la fête;
La fille alerte, en se tournant,
Lui dit tout haut : « Vilain manant!
Traderira, la la,
Holà!
Soyez donc plus honnête! »

On danse, on va comme l'éclair;
A droite, à gauche on fait en l'air
Voler les jupes blanches;
On devient rouge, on a si chaud!
Ton bras au mien se met bientôt.
Traderira, la la,
La la,
Et mon coude à tes hanches.

« Sois plus discret, mon doux ami;
Fille a souvent, longtemps gémi
Pour un peu d'imprudence. »
Et cependant loin des tilleuls
Tous deux s'en vont, s'en vont tout seuls.

Traderira, la la,
Voilà
L'archet aussi qui danse !

UN VIEUX PAYSAN, à Faust.

Sire docteur, c'est bien à vous,
Grand homme à science profonde,
De venir ainsi parmi nous
Sans mépriser le pauvre monde.
Buvez avec nous maintenant :
Je vous souhaite, en vous donnant
La plus belle cruche de toutes,
Que vous soyez heureux toujours,
Qu'autant elle contient de gouttes,
Autant vous y gagniez de jours.

FAUST.

En deux mots, je réponds aux vôtres :
J'accepte la fraiche liqueur ;
Salut et merci de grand cœur !

(Le peuple fait cercle autour de Faust.)

LE VIEUX PAYSAN.

On vous sait gré d'être des nôtres;
Dans les bons jours, dans les mauvais

Vous en étiez par vos bienfaits.
On sait ce qu'a fait votre père
Quand la peste sévit si fort;
Plus d'un ici vit et prospère
Qui vraiment, sans lui, serait mort.
Aux maisons que hantait la peste,
Jeune alors, vous alliez souvent,
On n'en sortait guère vivant,
Mais vous y couriez, vif et leste,
Plein de vaillance et de ferveur.
Béni soit du Sauveur d'en haut notre sauveur!

TOUS.

Salut et longue vie au maître qui nous aime!
Qu'il nous puisse longtemps consoler et guérir!

FAUST.

Amis, courbez le front devant l'Être suprême
Qui, seul, enseigne à secourir,
Et seul peut secourir lui-même.

(Il s'éloigne avec Wagner.)

WAGNER.

Grand homme, quel plus noble prix
Que ce respect des multitudes?
Heureux cent fois quand nos études
Nous valent de si beaux profits!

Le père te montre à son fils :
On s'informe, on court, on se presse,
L'archet s'arrête, le bal cesse,
Chacun jette en l'air son béret :
Quand tu marches, on te fait place ;
A les voir tous la tête basse
Et presque à genoux, l'on dirait :
C'est le saint Sacrement qui passe.

FAUST.

Faisons quelques pas plus avant ;
Reposons-nous sur cette pierre.
Solitaire et pensif je m'assis là souvent,
Enfant que tourmentaient le jeûne et la prière.
Plein de foi, plein d'espoir, au temps de nos malheurs
J'espérais obtenir de la pitié céleste,
A force de soupirs, de mains jointes, de pleurs,
La fin de cette horrible peste.
Ah! quand ce peuple m'entourait,
Que son ovation m'a paru dérisoire!
Si quelqu'un pouvait lire en mon âme, il verrait
Combien peu père et fils ont mérité leur gloire.
Mon père, honnête homme ignoré,
Dans les secrets de la nature
S'était plongé sans imposture
Mais non sans manie — et, cloîtré

Dans une cuisine bien sombre,
Avec ses adeptes, le soir,
Faisant des recettes sans nombre,
Il mariait le blanc au noir.
Le lion rouge[8] en un bain tiède
S'unissait à la fleur de lis;
On les jetait ensuite, à l'aide
D'un feu très-vif, en d'autres lits.
Dans un verre la jeune reine
Resplendissait royalement:
C'était là le médicament!
Et les gens mouraient par centaine.
En guérit-il un seulement?
Nul ne l'a demandé. Notre infâme chimie
A fait dans les pauvres maisons
Plus de mal que l'épidémie.
J'ai moi-même offert ces poisons;
Cent et cent fois j'ai dû les tendre
Aux mourants tombant par essaims...
Et j'ai survécu pour entendre
Glorifier leurs assassins!

WAGNER.

Cela vous trouble? Eh! qu'un brave homme
Soit ponctuel et sérieux
Dans son art, et qu'on le renomme.

Que peut-il donc faire de mieux?
Enfant, suis ton père et l'honore
Et prends ce qu'il put amasser;
Homme, si tu fais avancer
La science, ton fils ira plus haut encore.

FAUST.

Heureux, sur l'océan d'erreur, l'esprit léger
Qui se flatte de surnager!
Ce qui peut servir, on l'ignore,
Et ce qu'on sait ne sert de rien.
Mais cette heure est si bonne! On s'y trouve si bien!
N'y mêlons pas notre amertume.
Vois-tu ces huttes dans le vert?
Le soleil couchant les allume,
Puis décline, s'en va, se perd
Et porte à d'autres cieux des aurores nouvelles.
Oh! que n'ai-je, quand il a fui,
Pour m'arracher du sol, m'emporter après lui
Plus loin, toujours plus loin, des ailes!
Dans un crépuscule éternel
Je verrais à mes pieds le calme solennel
Du monde, je verrais se reposer des plaines,
S'enflammer les cimes lointaines
Et les ruisseaux d'argent courir aux fleuves d'or.
Comprends-tu ces courses divines

Où rien n'arrête notre essor,
Ni les sommets, ni les ravines?
La mer ouvre, étonnant mes yeux,
Ses golfes chauds et radieux;
Le dieu semble mourir, mais ma force première
Se ravive encore et le suit;
Je bois l'éternelle lumière.
Devant moi, c'est le jour; derrière moi, la nuit;
Sur moi, le ciel immense; à mes pieds, l'eau profonde.
Quel beau rêve au moment où l'astre s'assombrit!
Mais, hélas! le corps en ce monde
N'a pas d'ailes comme l'esprit.
N'importe. Il est encor, dans toute âme inquiète.
Un souffle qui l'enleve et l'entraine pourtant,
Quand dans le bleu de l'air elle entend l'alouette
Jeter comme un cri palpitant;
Quand sur l'âpre sommet planté de pins sauvages
L'aigle ouvre sa grande aile au vent qui le soutient,
Et qu'en passant les mers, des plus lointains rivages,
La grue à son pays revient.

WAGNER.

Moi, j'ai quelque lubie aussi, mais jamais celle
Qui vous dérange et vous harcèle :
J'ai vite assez des bois, des eaux,
Je laisse leur aile aux oiseaux;

Les seuls plaisirs dont je m'enivre
Sont ceux de l'esprit. O Seigneur!
Aller, marcher de livre en livre,
De feuille en feuille, quel bonheur!
Même la nuit d'hiver en devient douce et belle.
Je sens rire la vie en mon sein frémissant :
Qu'un digne parchemin se déroule et m'appelle,
Sur moi le ciel entier descend.

FAUST.

C'est qu'il ne t'est donné qu'un penchant à connaître;
Quant à l'autre, à jamais puisses-tu l'ignorer!
Deux âmes partagent mon être
Et voudraient bien se séparer.
Par ses organes, l'une est fixée à la terre
Et s'y cramponne avec un amour anxieux;
Mais l'autre, à grands coups d'aile, au séjour des aïeux
Voudrait monter aussi, secouant sa poussière.
Dans l'air, entre le ciel et nous, s'il est encor
Des esprits souverains flottant de nue en nue,
Oh! qu'ils viennent, quittant pour moi les brumes d'or,
M'enlever dans leur vie éclatante, inconnue!
Ah! si quelque manteau magique était à moi
Et m'emportait au loin sur une rive étrange,
Je ne voudrais pas en échange
Les habits les plus beaux, fût-ce un manteau de roi!

WAGNER.

Oh! non, n'invoquez pas la horde vagabonde
Qui flotte et se répand au sein des airs légers,
Et fait des quatre coins du monde
Sur nous pleuvoir mille dangers.
Sont-ils du Nord? Comme une flèche
Pique la langue des démons;
La troupe du Levant dessèche
Le sol et mange nos poumons;
Le Sud a le désert d'où la bande traitresse
Crache flamme sur flamme à nos fronts, coups sur coups.
L'essaim frais du Couchant un moment nous caresse,
Puis submerge à la fin les prés, les champs et nous.
Ils obéissent pour séduire,
Ils vous écoutent pour vous nuire,
Caressent bien pour tromper mieux;
Ces esprits des noires phalanges
Se disent envoyés des cieux
Et mentent avec des voix d'anges.
Rentrons cependant. L'horizon
Est gris, l'air devient frais, je sens tomber la brume.
Le soir fait aimer la maison.
Mais qu'as-tu donc? Ton œil s'allume.
Dans cette demi-nuit qu'a donc vu ton regard
Qui se fixe, étonné, hagard?

FAUST.

Écoute, suis mon doigt, regarde :
Ce chien noir, le vois-tu par le chaume et le blé?

WAGNER.

Je l'ai vu dès longtemps, mais sans y prendre garde,
Je n'en suis nullement troublé.

FAUST.

Vois mieux, qu'en dis-tu, que peut-ce être?

WAGNER.

C'est un barbet, comme ils font tous,
Cherchant la piste de son maître.

FAUST.

Vois comme il tourne autour de nous :
D'une spirale il nous enlace;
Il se rapproche en tournoyant.
De son pied jaillit, quand il passe,
Comme un tourbillon flamboyant.

WAGNER.

Effet d'optique, je suppose ;
C'est un barbet, pas autre chose.

FAUST.

Il trace des lacets magiques et légers
Autour de nos pieds, ce me semble.

WAGNER.

Il saute autour de nous, ne sait que faire et tremble;
C'est qu'au lieu de son maître il voit deux étrangers.

FAUST.

Le cercle paraît nous étreindre...
Il est tout près.

WAGNER.

Que peux-tu craindre?
Est-ce une ombre que tu vois là?
Ce n'est qu'un chien. Il grogne, il hésite, que diantre!
Il agite sa queue, il s'étend sur le ventre:
Façons de chien que tout cela.

FAUST.

He, l'ami, viens ici. Holà!

WAGNER.

C'est un barbet d'allègre sorte:
Quand on s'arrête, il fait le beau; lui parlons-nous,
Voilà qu'il grimpe à nos genoux:
Ce qu'on perd, vite il le rapporte;

Lance à l'eau ta canne, aussitôt
Il ira la chercher d'un saut.

FAUST.

C'est vrai. Je ne vois aucun signe
D'esprit chez lui. J'avais rêvé.
Ce n'est qu'un chien bien élevé.

WAGNER.

Un chien bien élevé n'est pourtant pas indigne
Du sage; il fait parfois des tours stupéfiants:
C'est l'élève accompli de nos étudiants.

(Ils rentrent dans la ville.)

CABINET D'ÉTUDE

FAUST

Entrant avec le barbet.

J'ai quitté la campagne à l'heure
Où la nuit la cache à nos yeux.
Plein d'un effroi mystérieux
J'éveille en moi l'âme meilleure.
Adieu les vils désirs, adieu
L'âpre ferveur qui nous surmène !
L'amour de la famille humaine
S'éveille avec l'amour de Dieu.

Paix, barbet ! qu'as-tu donc ? Qu'est-ce qui t'effarouche ?
Tu vas, tu viens, flairant le sol. Dans quel dessein ?
Assez. Mon poêle est là. Va derrière et t'y couche ;
Je t'offre mon plus beau coussin.
Par tes sauts, tes ébats, là-haut, hors de la ville,
Tu nous as divertis, c'est bien ; j'ai reconnu

Ma dette et je t'accueille ici, mais sois tranquille,
Hôte paisible et bienvenu !

La lampe au foyer fait renaître
Le jour qui s'était obscurci,
Le jour en moi renaît aussi
Et le cœur peut se reconnaître.
La raison a repris sa voix.
L'espoir chante, l'âme ravie
Retourne aux sources de la vie
Et s'y plonge comme autrefois.

Ne grogne plus, barbet ! A la sainte harmonie
Qui vient pleinement m'inonder
Un vil cri d'animal ne s'aurait s'accorder.
L'homme, il est vrai, mauvais génie,
Siffle ce qu'il ne comprend point :
Sur le Beau, le Bien qui lui pèse
Il clabaude, aboie à son aise ;
Un chien n'est point homme à ce point.

Hélas ! j'ai beau vouloir, mon ciel se décolore ;
Le flot ne jaillit plus, ne jaillira jamais.
Pourquoi tarir si vite et me laisser encore
Dévorer par la soif où je me consumais ?
Pourtant un appui reste à mon âme fragile.

C'est le Surnaturel, la Révélation
Qui nous donne dans l'Évangile
Son plus pur, son plus chaud rayon.
Je voudrais d'une âme sincère
Ressaisir le texte sacré
Et, dans la langue qui m'est chère,
Le traduire enfin à mon gré.

Dès son premier mot, que nous dit le Sage?
« La parole était au commencement. »
Je m'arrête ici plein d'étonnement.
Qui m'expliquera cet obscur passage?
Je ne peux placer le Verbe si haut.
Si j'entends l'Esprit, je lirai plutôt :
« Au commencement était la pensée. »
Mais non, je retiens ma plume lancée.
La pensée est donc l'unique élément,
Celui qui fait tout, qui travaille et crée?
Non, j'ai mieux compris; la phrase sacrée
Dit : « La force était au commencement. »
Une voix pourtant m'invite à mieux lire,
J'attends de l'Esprit le dernier rayon...
L'Esprit a parlé; je peux, j'ose écrire :
« Au commencement était l'action. »

A-t-on vu barbet de la sorte?

Veux-tu ta place à mon foyer?
Cesse de geindre et d'aboyer.
Eh quoi! faut-il que je supporte
Sous mon toit voisin si gênant?
Qu'un de nous sorte maintenant!
A regret je t'ouvre ma porte;
C'est inhospitalier, tant pis :
La place est libre, déguerpis!
Mais que vois-je? Un prodige? un songe?
Illusion? Réalité?
Voilà mon barbet agité
Qui se soulève, qui s'allonge,
S'enfle violemment, si bien
Qu'il perd sa figure de chien.
Terrible mâchoire, œil de flamme :
On dirait un hippopotame.
Ai-je amené pareil démon?
Mais je te tiens, bête effroyable;
Pour dompter ces suppôts du diable,
Il faut la clef de Salomon[*].

ESPRITS, dans le corridor.

L'un de nous est pris la-dedans;
Restez dehors, soyez prudents.
La noire bande,
Le vieux lynx est comme un renard

Qu'on aurait pris au traquenard :
Sa peine est grande ;
Montez, descendez, voltigez,
Heureux si vous le dégagez ;
Il nous a souvent obligés,
Qu'on le lui rende !

FAUST.

Le monstre ! Il faut, pour le combattre,
La conjuration des quatre[1].
Evoquons-les à pleine voix
Tous à la fois !

Salamandre, flamboie !
Disparais, sylphe, au vent !
Vogue, ondine, et te ploie !
Gnome à l'œuvre, en avant !

Celui qui n'a pas la science
Des éléments et n'a compris
Ni leurs secrets ni leur puissance,
N'est pas le maitre des esprits.

Brûle dans le feu, sous la cendre,
O Salamandre !
Sous la vague aux sourdes rumeurs,

Ondine, meurs!
Luis, sylphe, dans un météore,
Et t'évapore!
Incube, ô gardien du foyer,
Sors le premier et le dernier!

Quoi! dans le monstre aucun des quatre!
Couché, grinçant des dents, malgré tous mes efforts,
Il n'éprouve aucun mal! Eh bien! il faut l'abattre
Par des enchantements plus forts.

Fuyard d'enfer qui sors de l'ombre,
Vois le signe sacré pour tous
Devant lequel tombe à genoux
La bande sombre!

Son ventre est gonflé, son poil hérissé.
Etre maudit, peux-tu le lire,
Ce nom, le nom de l'Incréé,
De celui qu'on ne peut décrire,
Qui tient tout le ciel embrassé,
Et que le crime a transpercé?

Derrière le poèle où ma voix le chasse
Je le vois toujours s'enfler, s'étirer:
Comme un éléphant, il remplit l'espace
Et dans le brouillard va s'évaporer.

Reconnais ton maître et vis dans ma crainte;
Descends du plafond et tombe à mes pieds;
Tes pareils et toi si vous résistiez,
Je vous roussirais à la flamme sainte.
Maudit, n'attends pas
La clarté qui luit trois fois flamboyante!
Maudit, n'attends pas
L'incantation la plus foudroyante!
Maudit, viens en bas!

Méphistophélès sort de derrière le poêle en bachelier errant, pendant que le brouillard tombe

MEPHISTOPHELES.

Que de bruit! Que me veut monsieur? Il n'a qu'à dire.

FAUST.

Voilà donc le noyau du chien?
Un bachelier errant! C'est à pouffer de rire.

MEPHISTOPHELES.

Salut, savant seigneur! Sans vous reprocher rien,
Vous m'avez fait suer, mon maître.

FAUST.

Ton nom?

. . . .

MEPHISTOPHELES.

La question est mesquine, vraiment,
Pour vous qui méprisez le mot si hautement,
Et qui, dédaignant tout paraître,
Plongez aux profondeurs de l'Être.

FAUST.

C'est que les noms que vous portez
Nous apprennent vos qualités ;
Au mot la chose est assortie:
Aussi vous nomme-t-on Menteur,
Ou Belzébuth, ou Destructeur.
Qu'es-tu donc? Parle.

MEPHISTOPHELES.

Une partie
De la force qui veut le mal et fait le bien.

FAUST.

Sois plus clair, je n'y comprends rien.

MEPHISTOPHELES.

Eh bien! je suis l'esprit qui nie
Toujours, en quoi je n'ai pas tort :
Ce qui naît méritant la mort
Eût mieux fait de ne jamais naître.

Ce qu'on nomme communément
Destruction, renversement,
Péché, c'est là que je suis maître,
Et le mal est mon élément.

FAUST.

Comment n'es-tu qu'une partie?
Je te vois entier, s'il te plaît.

MEPHISTOPHELES.

C'est que j'ai de la modestie.
L'homme croit être un tout complet,
Et n'est pourtant, quoi qu'il en dise,
Qu'un petit monde de sottise.
Pour ma part, je ne suis qu'un fragment du fragment
Qui fut tout au commencement,
Un morceau de l'ombre premiere
D'où s'élança le jour, l'orgueilleuse lumière
Qui dès lors à la Nuit, sa mère, a disputé
Le royaume et la royauté.
O lumière superbe! — Eh bien! quoi qu'elle fasse,
Un corps l'attache à sa surface,
L'y fait ramper, elle en jaillit,
Ce sont les corps qu'elle embellit,
Un corps l'arrête dans l'espace;

Avec les corps, c'est mon espoir,
Elle va s'éteindre un beau soir.

FAUST.

Je vois maintenant ton affaire,
L'ami. Ne pouvant rien défaire
En grand, tu défais en petit.

MEPHISTOPHELES.

Mais sans succès. Nul n'en pâtit.
Ce monde massif qu'on oppose
Au néant et qu'on daigne appeler quelque chose,
J'ai beau contre lui m'escrimer,
Je n'ai jamais pu l'entamer.
L'onde, le vent qui se démène,
Le feu, les tremblements de terre, rien n'y fait;
A la fin tout s'arrange et le calme est parfait.
De la maudite race humaine
Et du maudit règne animal,
J'en abats tant et plus, mais bah! c'est ridicule!
Toujours un nouveau sang, jeune et bouillant, circule.
C'est à me rendre fou. Je ne fais aucun mal.
Il sort mille et mille semences
De la terre, de l'air, de l'eau
Qui dans le sec, l'humide, et le froid et le chaud,
Peuplent les espaces immenses.

Reste le feu, mon dernier bien,
Après quoi je n'aurai plus rien.

FAUST.

Eh quoi! La puissance qui crée
Qui bénit et ne périt point,
Par toi, diable, est donc exécrée,
Et tu veux lui faire le poing?
Va donc, fils du chaos, étrange créature!
Cherche et tente une autre aventure.

MEPHISTOPHELES.

Un jour nous reprendrons ceci.
Pour le moment, ne t'en déplaise,
Je voudrais m'en aller d'ici.

FAUST.

Qui te retient? Sors à ton aise.
Maintenant que tu m'es connu,
Tu seras toujours bienvenu :
Par la fenêtre ou par la porte
Ou la cheminée, il n'importe.

MEPHISTOPHELES.

Fort bien, mais un petit écueil
M'empêche de passer le seuil.

FAUST.

Quel écueil?

MEPHISTOPHELES.

Le pied de sorcière *.

FAUST.

C'est le pentagramme, en effet;
Mais comment alors as-tu fait
Pour entrer dans la souricière?

MEPHISTOPHELES.

Un des angles tourné dehors
Est mal fait, trop ouvert...

FAUST.

En cette conjoncture,
On m'a donc jeté d'heureux sorts?
Toi, mon esclave, ma capture!
Cloué là comme un condamné!

MEPHISTOPHELES.

Le chien sautant à votre suite
N'a rien vu, mais l'objet tourne
Coupe au diable, à présent, la fuite.

FAUST.

Prends la fenêtre alors.

MEPHISTOPHELÈS.

Mais, de force ou de gré,
Toujours on doit sortir par où l'on est entré :
Ainsi le veut la loi des spectres et des diables.
Si l'on entre par où l'on veut,
L'on ne sort que par où l'on peut.

FAUST.

L'enfer a des lois admirables.
Ainsi donc on pourrait — tant mieux ! —
Faire un pacte avec vous, messieurs?

MEPHISTOPHELÈS.

Oui, tout ce qu'on promet dans notre confrérie
Est tenu ponctuellement.
Mais nous y reviendrons. Brisons là, je t'en prie,
Laisse-moi partir.

FAUST.

Un moment !
Dis-moi donc la bonne aventure.

MEPHISTOPHELÈS.

Non, laisse-moi, je reviendrai,
Et nous causerons à ton gré.

FAUST.

Peux-tu m'accuser d'imposture?
T'ai-je ici par ruse attiré?
Ce filet, me l'a-t-on vu tendre?
Non, c'est toi qui voulus venir.
Or, quand on tient le diable, il faut le bien tenir,
On n'est pas sûr de le reprendre.

MÉPHISTOPHÉLÈS.

A la bonne heure! A ton foyer,
Puisque tu veux ma compagnie,
Laisse-moi du moins t'égayer
Par mon adresse et mon génie.

FAUST.

Fais ce que tu veux à présent,
Pourvu que ce soit amusant.

MÉPHISTOPHÉLÈS.

Mon cher, cette heure fortunée
Va t'offrir plus de volupté
Que tu n'en as jamais goûté
Dans une longue, longue année :
Pour l'oreille airs mélodieux,
Douces images pour les yeux;
Ce ne sont pas des tours d'adresse;

Mes esprits savent allécher
Le goût, l'odorat, le toucher :
Pour tous les sens une caresse.
Maintenant, sans plus de façons,
La troupe est prête, commençons !

LES ESPRITS.

Ouvre-toi là-haut,
Laisse entrer à flot,
Voûte haute et sombre,
Le regard clément
Du bleu firmament.
Nuage plein d'ombre,
Au loin passe et fuis !
Étoiles des nuits,
Scintillez sans nombre,
Allumez sur nous
Des soleils plus doux !
Flottez, fils des cieux, ô formes si belles,
Ondulations et balancements !
Les désirs aimants
Battent sous vos ailes ;
Des tissus légers
Flottent aux vergers
Et sous les tonnelles
Où les amoureux

S'en vont deux à deux,
Où le sein frissonne,
Où l'âme se donne :
Berceaux sur berceaux !
Le pampre enlacé se gonfle et bourgeonne,
La grappe au pressoir s'écrase et bouillonne,
Le vin écumant s'épanche en ruisseaux :
Sur des diamants il jaillit et glisse
Et forme un lac d'or sur les coteaux verts ;
L'oiseau fou de joie, ivre de délice,
S'arrête aux îlots flottant sur les mers :
C'est là que, parmi de vagues cadences,
Passent en fuyant des chœurs et des danses
Qui nagent sur l'eau, se lancent dans l'air,
Gravissent les monts, et voguent sans voiles,
Courant à la vie, à ces lointains bleus
Ou sont les étoiles,
Où sont les heureux !

MÉPHISTOPHÉLÈS.

Il dort. Bien, mes enfants. Ce concert impayable
L'a loyalement endormi.
Ah ! tu n'es pas, mon pauvre ami,
Homme encore à tenir le diable.
Qu'on lui donne un sommeil rempli de visions
Et plongez-le, c'est votre office,

Dans une mer d'illusions.
Oui, mais ce pentagramme, affligeant maléfice,
Il me faut une dent de rat pour l'écarter.
O bonheur! juste à point j'entends un rat trotter.
Le roi devant qui s'agenouille
Tout rat, souris, mouche ou grenouille,
Punaise ou pou, t'appelle ici.
Ronge et mords le seuil que voici
Pendant que nous le frottons d'huile.
Bien sauté! Ce rat en vaut mille.
Victoire! En trois bonds le voilà!
Viens sur le bord : la pointe est là.
Bien, rat. Pour achever l'ouvrage,
Encore un coup de dent! Courage!
C'est fait. Et maintenant, docteur,
Fais de bons rêves. Serviteur!

FAUST, seul, se réveillant.

Seul? Plus d'esprits? Est-il croyable
Que je sois de nouveau trompé?
Qu'un songe m'ait fait voir le diable
Et qu'un barbet m'ait échappé?

CABINET D'ÉTUDE

FAUST, MÉPHISTOPHÉLÈS

FAUST.

On frappe. Entrez.

MEPHISTOPHELES.

C'est moi.

FAUST.

Qu'on entre!

MEPHISTOPHELÈS.

Dis-le trois fois.

FAUST.

Entre, que diantre!

MEPHISTOPHELES.

Fort bien, docteur. Je t'aime ainsi,
Et nous pourrons nous plaire, en somme.

Pour t'enlever ton noir souci,
Je viens en jeune gentilhomme :
Habit rouge à galons, manteau
De soie et la plume au chapeau;
Au côté, longue et fine épée;
Ma personne est bien équipée,
Ainsi fais-toi galant et beau,
Et sans frein, libre, à ton envie,
Tu pourras apprendre la vie.

FAUST.

Quel que soit l'habit, où cueillir
Le fruit de la vie inféconde?
Assez jeune pour le désir,
Je suis trop vieux pour le plaisir.
Quel bien puis-je espérer au monde?
« Prive-toi, ne mords pas le frein, »
Voilà quel éternel refrain
Chaque heure souffle à chaque oreille
Dès le berceau jusqu'au linceul.
Je tremble et veux pleurer sitôt que je m'éveille,
Sachant bien que le jour nouveau, comme la veille,
N'exaucera pas un de mes vœux, pas un seul!
Mais il viendra troubler, par son doute et son rire,
Même l'avant-goût du bonheur;
Par des réalités grimaçantes détruire

Les créations de mon cœur.
Sur mon lit sans repos, dans l'horreur des ténèbres,
Agité de songes funèbres,
Je vois des fantômes surgir;
Un dieu demeure en moi, qui remue et pénètre
Toutes les forces de mon être,
Mais ne les put jamais hors de moi faire agir;
Je suis donc las de l'existence.
Je hais la vie et veux la mort.

MEPHISTOPHELES.

Si haut qu'on l'appelle et si fort,
La mort n'est belle qu'à distance.

FAUST.

Heureux les vainqueurs, les guerriers
Qu'elle ceint de sanglants lauriers,
Ou ceux qu'elle surprend dans les bras d'une femme!
Quand l'Esprit apparut à mes yeux effrayés,
Que ne suis-je tombé sans âme,
Mais ivre de joie à ses pieds!

MEPHISTOPHELÈS.

Cependant, certain personnage
S'est fort bien gardé, certain soir,
D'avaler certain sirop noir.

FAUST.

Ah! tu fais de l'espionnage?

MEPHISTOPHELES.

Dame! Si je ne sais pas tout,
Je sais beaucoup

FAUST.

Hé bien! Si du tumulte effrayant de cette heure,
Un bruit m'a pu tirer, un chant
Un écho d'autrefois qui leurre
Le peu qui reste en moi d'enfant;
Maudit soit tout lien qui m'enlace et me serre,
Tous les prestiges, les appâts,
Les charmes attirant nos pas
Et clouant l'âme à sa misère!
Maudite la présomption
Dont l'esprit se fait une chaîne!
L'aveuglement, l'illusion
Qui prend nos sens et nous entraîne!
Maudit tout ce qui nous séduit:
Rêves de grand nom, de vain bruit,
De gloire sitôt disparue!
Maudit ce qu'on croit posséder,
Tout ce qu'on est fier de garder:
Femme, enfant, valet ou charrue!

Maudit Mammon qui, par son or,
Nous pousse aux grandes hardiesses
Ou nous tend, plus fatal encor,
De vils coussins pour nos liesses!
Maudits tous les bonheurs que j'ai pris en dégoût!
Maudits le vin, l'amour! Maudite l'espérance!
Maudite la foi! Mais surtout,
Maudite soit la patience!

UN CHŒUR D'ESPRITS (invisible).

Malheur! tu l'as détruit
De ta main, cette nuit,
Le beau monde qui croule;
Un demi-dieu, du pié,
Le foule
Et l'a broyé.
Notre bande en emporte
Les débris au néant
Et pleure en les voyant,
Pleure la beauté morte.
Construis-le de nouveau,
Puissant fils de la terre,
Que ce monde en poussière
Revive en toi plus beau!
Ranime la jeunesse
En ton sein palpitant!

Que ta vie en chantant
Renaisse !

MEPHISTOPHELES.

Ce sont les plus jeunes des miens,
Mais sages comme des anciens ;
Écoute-les te dire : « Viens !
Sors du monde où l'âme asservie
Se débat dans l'isolement,
Où le cœur sèche tristement ;
Viens au monde, viens à la vie ! »

Cesse enfin de jouer avec ton noir ennui,
C'est un vautour qui ronge. Allons! viens où nous sommes,
Le pire monde aura du bon pour toi ; chez lui
Tu pourras te sentir homme au milieu des hommes.
Çà, me veux-tu? Si tu me prends,
Ne crains pas que je t'encanaille ;
Je ne suis pas un des plus grands,
Mais avec toi veux-tu que j'aille
A ton pas et comme il te plaît?
Prends-moi donc ; avec ou sans grade,
Je suis à toi, ton camarade,
Ou l'aimes-tu mieux? ton valet.

FAUST.

Mais en retour qu'aurai-je à faire?

MEPHISTOPHELÈS.

On verra, cela presse peu.

FAUST.

Non, le diable est homme d'affaire.
Ce n'est pas pour l'amour de Dieu
Qu'il rend service. Il faut un pacte
Entre nous deux en forme exacte.
Ce n'est pas sans danger, ma foi,
Qu'on prend un valet tel que toi.

MEPHISTOPHELÈS.

Ici j'obéis et veux être
En tout point soumis à mon maître:
Un signe, et j'accours à grands pas :
Tu m'en feras autant *là-bas*.

FAUST.

Qu'est-ce donc que *là-bas* ? Le vrai monde, le nôtre,
Lorsque tu nous l'auras détruit — qu'importe l'autre?
C'est la terre où je suis qui me donne des fleurs,
Et voilà le soleil qui brille dans mes pleurs;
Si je les perds, à quoi veux-tu donc que je tienne?
Ce qui doit advenir advienne!
Je ne tiens pas du tout à savoir, entre nous,
Si là-haut on hait ou l'on aime,

Ou bien si la sphère suprême
A des dessus et des dessous.

MEPHISTOPHÉLÈS.

Puisque tu tiens pareil langage,
Risque l'aventure et t'engage :
Je veux te donner dès demain
Ce que n'a vu nul œil humain.

FAUST.

Que peux-tu m'offrir, pauvre diable?
Comprend-on parmi vous l'esprit insatiable
De l'homme et ses enivrements?
Qu'as-tu pour moi? Des aliments
Qui n'ôtent pas la faim, de l'or qui s'éparpille
Comme du vif argent et glisse dans la main,
Des jeux où l'on ne peut gagner, ou quelque fille
Qui tout en se penchant sur moi, contre mon sein,
Décoche une œillade au voisin?
Ou la gloire, plaisir des dieux, rayon qui brille
Et fuit comme un éclair? — Montre-moi donc un fruit
Qui meure sur sa branche avant qu'on ne le cueille,
Un arbre qui garde sa feuille,
Et reverdisse chaque nuit.

MEPHISTOPHELES.

Je peux sans embarras ni peine, à l'instant même,

Exaucer tes souhaits les plus exorbitants,
Mais vient aussi l'heure où l'on aime
A jouir en paix du bon temps.

FAUST.

Si jamais je m'endors sur un lit de paresse,
Que je meure! Viens et m'abats!
Si jamais, abusé par ta voix charmeresse,
Je peux être heureux ici-bas,
Si jamais je m'oublie en quelque folle ivresse,
Que ce soit là mon dernier jour!
Est-ce un marché conclu?

MEPHISTOPHELES.

Tope.

FAUST.

Et tope à mon tour!
Si je dis jamais au moment qui passe :
« Oh! suspends ton vol, tu parais si beau! »
Charge-moi de fers, ne me fais pas grâce,
Et sonne pour moi le glas du tombeau.
Oui, sonne la cloche et creuse la tombe
Où libre dès lors, tu peux me jeter.
Du cadran muet que l'aiguille tombe,
Que le temps pour moi cesse d'exister!

MEPHISTOPHELÈS.

Bien, l'on s'en souviendra. J'ai beaucoup de mémoire.

FAUST.

Je ne m'engage pas en fou, tu peux m'en croire.
Quand j'ai mon idée, elle tient ;
Il n'est pas de vent qui l'emporte ;
Je deviens esclave, le tien
Ou celui d'un autre, qu'importe?

MEPHISTOPHELES.

Je ferai ce jour même au repas du docteur
Mon office de serviteur,
Mais un mot. Je voudrais, avec ta signature, —
On ne sait qui vit ni qui meurt —
Quelques mots de ton écriture.

FAUST.

Pédant, il te faut de l'écrit
Signé du nom dont on me nomme!
Quoi! tu n'as donc jamais connu, mauvais Esprit,
Un homme, une parole d'homme?
N'est-ce pas assez d'un serment
Qui m'engage éternellement?
Crois-tu donc qu'un écrit nous lie,
Quand roule à tout courant le monde en désarroi?

Mais on tient à cette folie,
Nul ne s'en affranchit. Heureux qui garde en soi
La sincérité de sa foi!
Nul sacrifice ne lui coûte —
Et pourtant l'ombre qu'on redoute,
C'est le parchemin cacheté!
Quand le mot sous la plume expire,
La peau de brebis et la cire
Ont la suprême autorité.
Que veux-tu donc, âme mauvaise?
Parchemin, papier, marbre, airain,
Une plume, un style, un burin?
Parle donc, choisis à ton aise.

MEPHISTOPHELÈS.

Tout ce pathos incandescent
Est de trop, ô docteur insigne.
Prends un bout de papier et signe
Avec une goutte de sang.

FAUST.

Bon! Va pour cette niaiserie.

MEPHISTOPHELÈS.

C'est que le sang, quoiqu'on en rie,
Est un suc tout particulier.

6

FAUST.

Je ne veux pas me délier.
Tant que je puis, sans paix ni trêve,
Je veux lutter, je le promets;
J'avais trop haut poussé mon rêve,
Je suis des vôtres désormais :
Car le grand Esprit me méprise,
La Nature est close à mes yeux,
Et le fil du penser se brise
Et tout savoir m'est odieux.
Livrons nos sens à l'énergie
Des plus fougueux entraînements.
A moi tes voiles, ô magie,
Et tes secrets enchantements!
Précipitons-nous dans la houle,
Parmi les bruits du temps qui roule
Et les chocs des événements!
Et viennent alors comme ils peuvent
Succès, revers, joie ou chagrin;
Il faut que les hommes se meuvent
Dans une activité sans fin.

MEPHISTOPHELES.

Vous n'êtes pas à la diète;
Prenez-en donc à votre goût.

S'il vous convient, tâtez de tout.
Happez en passant quelque miette;
Grand bien vous fasse! allègrement!
Et servez-vous sans compliment!

FAUST.

Comprends-moi. Pas de joie! Il me faut autre chose :
Le vertige! Un plaisir qui soit une douleur,
De l'amour dans la haine, un tourment qui repose.
Libre enfin du souci de savoir, tout mon cœur
S'ouvre à toute douleur humaine;
Il veut sa part de chaque peine
Et sa feuille de chaque fleur.
Ce que l'humanité réunit pêle-mêle
De haut, de bas, de mal, de bien,
Ce qui bat dans son cœur doit battre dans le mien.
Je veux m'épanouir et me briser comme elle.

MEPHISTOPHELÈS.

Ah! crois-moi, car depuis je ne sais trop combien
De mille ans, je mâche et triture
La coriace nourriture!
Tout homme s'exténue en vain,
De l'enfance à la sépulture,
Pour digérer ce vieux levain.
Le monde, en sa beauté première,

C'est pour un dieu qu'il fut construit;
Ce dieu nous jette dans la nuit
Et vit seul en pleine lumière ;
Mais à vous, il faut tour à tour
Un peu de nuit, un peu de jour.

FAUST.

Cependant, je veux !

MEPHISTOPHELES.

A votre aise,
Mais pour vous un souci me pèse.
La vie est courte et l'art est long;
J'y pense fort, pensez-y donc.
Prenez à votre aide un poëte;
Qu'il ramasse de tous côtés
Et qu'il assemble en votre tête
Les plus sublimes qualités;
Qu'en vous toute vertu s'allie :
Cerf et lion, agile et fort,
Soyez chaud comme l'Italie,
Et solide comme le nord;
Que chez vous l'artiste marie
L'héroïsme et la fourberie,
Qu'il vous fasse tout plein de sage passion
Et fou d'amour avec préméditation...

Ah! si je pouvais le connaître,
J'appellerais cet habile être
Dom Microcosme.

FAUST.

O vanité!
Il ne faut donc pas que j'aspire
Même au plus humble, au moindre empire,
Au sceptre de l'humanité?

MÉPHISTOPHÉLÈS.

Bah! l'on est... ce qu'on est. Mets sur ton front qui trône
Mille boucles de faux cheveux,
Et pose ton pied, si tu veux,
Sur un brodequin haut d'une aune,
Faust ne sera... que ce qu'il est.

FAUST.

C'est donc en vain qu'en mon filet
J'ai pris tout ce qui tient dans l'humaine cervelle,
Mon sac n'en est pas mieux garni;
Je ne suis pas d'une semelle
Plus haut, plus près de l'infini?

MÉPHISTOPHÉLÈS.

Cher monsieur, vous voyez les choses
Comme on voit les choses toujours

Tâchons, avant les temps moroses,
De prendre un peu mieux les bons jours.
Corbleu! tes mains, tes pieds, ta tête
Et ton derrière sont à toi;
Mais ce qui tient mon âme en fête,
Pareillement est bien à moi;
Et, que diantre! si j'ai de quoi
Payer six étalons ingambes,
Leur force m'appartient aussi,
Et je peux trotter comme si
J'avais douze paires de jambes.
Courage donc! c'est trop penser;
Dans le monde il faut nous lancer.
Vois-tu, le garçon qui spécule,
Comme un animal ridicule,
Tourne au gré d'un malin esprit
Dans un cercle, sur la bruyère,
Quand tout autour, devant, derrière,
L'herbe pousse, verdit, fleurit.

FAUST.

Enfin, qu'allons-nous faire en somme

MEPHISTOPHELES.

Nous irons devant nous loin de ces noirs piliers.
Quel enfer que ce trou! quelle vie! on s'assomme

En assommant des écoliers.
Laisse donc piocher où tu pioches
Ton voisin, ventre spacieux.
D'ailleurs ce que tu sais de mieux,
Tu ne peux l'apprendre à ces mioches.
J'en entends un dans le couloir.

FAUST.

Qu'il parte, je ne peux le voir.

MEPHISTOPHELÈS.

Eh quoi! faut-il qu'on lui dérobe
Une consolante leçon?
Il attend là depuis longtemps... pauvre garçon!
Prête-moi ton bonnet, ta robe;
Ce masque parait fait pour moi.

(Il s'habille.)

Sur mon esprit n'aie aucun doute;
Un quart d'heure et je suis à toi :
Va, fais tes paquets pour la route.

(Faust sort.)

MEPHISTOPHELES, dans la longue robe de Faust.

Va, flétris la science et flétris la raison,
Ce que l'homme a de mieux, sa plus noble énergie!

Laisse l'Esprit menteur envahir ta maison
Et t'enfoncer dans la magie,
Je t'aurai sans condition!
Cet esprit, dans toutes les voies,
Court et bondit sans frein, suivant sa passion,
Mais sautant à pieds joints sur les terrestres joies.
Je vais le prendre; à mes côtés
Je veux qu'il rôde par le monde
Parmi les nullités et les grossièretés,
Et s'y débatte, et s'y raidisse, et s'y morfonde.
Des vivres, des boissons vont circuler sans fin
Devant sa bouche insatiable :
Je l'entendrai gémir et supplier en vain;
Sans même se donner au diable,
Le pauvre homme mourra de faim.

(Entre un écolier.)

L'ÉCOLIER.

J'arrive à peine dans la ville
Et je viens humblement rendre hommage à celui
Dont avec tant d'honneur chacun parle aujourd'hui.

MÉPHISTOPHÉLÈS.

J'aime votre façon civile,
Mais je ne suis qu'un homme, encor pas des meilleurs.
Vous êtes-vous enquis ailleurs?

L'ECOLIER.

Veuillez me faire bon visage.
J'arrive ici plein de courage,
Quelque argent et le sang tout frais.
Ma mère ne m'a pas sans peine
Laissé partir, ni sans regrets.
Il faut pourtant bien que j'apprenne.

MEPHISTOPHELES.

Vous arrivez juste au bon coin.

L'ECOLIER.

Mais que j'en voudrais être loin!
Ces grands murs, cette galerie
Ont comme un air de bouderie,
C'est étroit, c'est fermé, couvert,
Pas un arbuste, rien de vert.
Dans ces salles où l'on s'hébète,
Sur ces bancs où l'on bâille, on perd
La vue, et l'ouïe et la tête.

MEPHISTOPHELES.

En ceci l'habitude est tout.
Mets l'enfant au sein de sa mère,
Il n'en veut pas du premier coup,

Mais d'heure en heure il y prend goût.
Ainsi la science est amère,
Un peu dure au commencement,
Mais vite on y mord et gaîment.

L'ECOLIER.

Pour me pendre à son cou, que faire?

MEPHISTOPHELÈS.

Quelle est la Faculté, d'abord, qui vous convient?

L'ECOLIER.

Je veux être savant. J'ai grande impatience
D'embrasser tout ce qui contient
Terre, Ciel. Nature, Science.

MEPHISTOPHELES.

C'est entrer sur le vrai sentier;
Ne vous en laissez pas distraire.

L'ECOLIER.

Ame et corps j'y suis tout entier.
Mais est-ce un vœu bien téméraire?
Je voudrais quelque liberté,
Du bon temps aux fêtes d'été.

MEPHISTOPHELES.

Le temps fuit. Pour gagner du temps, ayons de l'ordre;
Aussi, mon cher, le plus pressé,
C'est la logique, il faut y mordre;
C'est par là que l'homme est dressé,
Pris dans l'instrument de torture
Qui le tient, le serre au mollet,
De peur qu'il n'aille à l'aventure
Zigzagant comme un feu follet.
Vous apprendrez dans ce grimoire
A faire en trois temps : un, deux, trois,
Ce que vous faisiez autrefois
D'un coup, comme manger et boire.
C'est un métier de tisserand,
Qu'une fabrique de pensées.
De ci, de là, fuyant, courant,
Glissent les navettes lancées;
Un seul coup met en mouvement
Des milliers de fils, une foule
Qu'on ne peut suivre, et cela coule
Et s'entre-croise savamment.
Vient le philosophe, un grand maître
Démontrant que cela doit être,
Que le premier étant ceci,
Le second cela, le troisième

Conséquemment doit être ainsi,
Le quatrième aussi. — Mais si
Le premier point et le deuxième
N'étaient pas, le troisième point
Et le dernier ne seraient point.
Ce beau secret qu'on leur dévoile,
Les écoliers le trouvent grand;
Mais pas un d'eux n'est tisserand
Et ne sait faire de la toile.
Pour décrire un objet vivant,
On le casse, et, pour le connaître,
On en chasse la vie avant;
On n'a donc que des morceaux d'être
A la main; le lien sacré,
L'esprit vital est retiré :
C'est ce que la chimie appelle
Encheiresin Naturæ :
Un gros mot qui se moque d'elle.

L'ECOLIER.

Je ne comprends pas tout à fait.

MEPHISTOPHELES.

Patience! attendez l'effet
De la haute philosophie
Qui spécifie et classifie.

L'ECOLIER.

Pardon, j'ai le cerveau si plein,
Si troublé de votre musique,
Que j'y sens tourner un moulin.

MEPHISTOPHELES.

Apprenez la métaphysique!
Surtout plongez-vous-y très-bas.
Cette science vous révèle
Ce qui ne peut en aucun cas
Entrer dans l'humaine cervelle,
Et par quels grands noms on appelle
Ce qu'on entend ou n'entend pas.
Mais d'abord soyez sans reproche
Les six premiers mois. Tous les jours
Vous aurez cinq heures de cours;
Venez au premier coup de cloche,
Préparez-vous comme on le doit,
Et sachez sur le bout du doigt
Tous les paragraphes a suivre;
Par là vous pourrez bel et bien
Constater qu'on ne vous dit rien,
Qui ne soit déjà dans le livre.
Un parfait écolier se tait.

Écoute, écrit; il faut écrire
Comme si l'Esprit-Saint dictait.

L'ECOLIER.

Vous n'aurez pas à me le dire
Deux fois. On est sûr de savoir,
Quand on peut, en sortant de classe,
Rapporter du blanc sur du noir.

MEPHISTOPHELES.

Voyons. Choisissez-moi, de grâce,
Une Faculté.

L'ECOLIER.

Je crains fort
Le droit.

MEPHISTOPHELES.

Et vous n'avez pas tort.
Les droits et les lois de la terre
Sont comme un mal héréditaire
Que se transmet l'humanité.
Cela se traîne, et rampe et nage
De place en place, d'âge en âge;
Le bien tourne en calamité,
Et la sagesse en balourdise.
O pauvres descendants! On vous enseigne à tous

Le droit de vos aïeux. — Mais votre droit, à vous,
N'attendez pas qu'on vous le dise.

L'ÉCOLIER.

Ah! ce droit que vous méprisez,
Je le hais maintenant avec plus d'énergie.
Heureux ceux que vous instruisez!
Si j'entrais en théologie?

MEPHISTOPHELES.

Ne nous fourvoyons pas, mon cher
Cette science est bien maligne,
Vite on y perd la droite ligne,
Celui-là seul qui voit très-clai
Peut distinguer la médecine
Du poison qui vous assassine
Voulez-vous vous mettre à l'abri
Ou filer droit sans anicroche?
N'écoutez qu'une seule cloche;
Jurez *in verba magistri.*
En somme — c'est la grande étude —
Qu'on s'en tienne aux mots, rien qu'aux mots:
C'est ainsi qu'on gagne en trois sauts
Le temple de la certitude.

L'ECOLIER.

Mais sous le mot ne faut-il pas
Une idée, un penser?

MEPHISTOPHELES.

Oui certe.
Mais souvent le penser déserte,
Et le mot vient alors à point :
C'est sur les mots que l'on disserte
Et de tout temps on disserta ;
C'est de mots qu'est fait tout système,
Aux mots qu'il faut croire ; anathème
Sur quiconque en biffe un iota !

L'ECOLIER.

Pardonnez-moi si je vous pose
Tant de questions sans merci,
Et sur la médecine aussi
Dites-moi quelque forte chose.
Trois ans, c'est peu de temps, bons dieux!
Pour tant de chemin. Mais qu'un signe
Nous mette sur la bonne ligne,
Et nous irons plus vite et mieux.

MEPHISTOPHELES, à part.

Ce ton sec à la fin m'assomme :
Parlons en diable, sans détour.

(Haut.)

Quant à la médecine, en somme,
On en a vite fait le tour.

On se plonge, comme une sonde,
Dans le grand et le petit monde,
Puis on les laisse aller à la grâce de Dieu.
L'étude a beau vouloir embrasser toute sphère,
L'homme n'apprend que ce qu'il peut.
Profiter du moment, voilà toute l'affaire.
Vous êtes bien fait, Dieu merci ;
Soyez hardi, c'est l'art suprême.
Croyez crânement en vous-même,
Les autres y croiront aussi.
Surtout, sachez mener les femmes.
Ces soupirs à fendre les âmes,
Qu'elles poussent à tout moment,
Ne cherchent qu'un médicament.
Conservez toujours avec elles
Comme un demi-respect humain,
Et toutes, même les plus belles,
Vous les aurez sous votre main.
Qu'un beau titre leur en impose ;
Passez pour être le plus fort
Dans votre art, et de prime abord
Osez telle agréable chose
Que l'amant le plus hasardeux
Ne fait qu'au bout d'un an ou deux ;
Pressez le pouls et les mains blanches,
Voyez enfin, l'air déluré,

En tâtillant les fines hanches,
Si le corset est bien serré.

L'ÉCOLIER.

À la bonne heure, au moins! J'entends! Plus de méprise!
But, chemin, tout m'est découvert.

MÉPHISTOPHÉLÈS.

Mon cher, la théorie est grise,
Mais l'arbre de la vie est vert.

L'ÉCOLIER.

D'honneur, je marche dans un rêve:
Votre sagesse me confond.
Permettrez-vous à votre élève
D'y puiser encor plus au fond?

MÉPHISTOPHÉLÈS.

Je ferai de mon mieux.

L'ÉCOLIER.

Si j'ose,
En m'éloignant, vous ennuyer
D'un dernier souhait... quelque chose
De votre main sur ce cahier.

MÉPHISTOPHÉLÈS.

De grand cœur.

L'ECOLIER, lisant ce que Méphistophélès vient d'écrire sur l'album.

« Vous serez semblables
A Dieu, sachant le bien, le mal. »

(Il ferme respectueusement l'album et prend congé.)

MEPHISTOPHELÈS.

Va, petit, suis l'avis du serpent, l'animal
Le plus fin, le pire des diables,
Et tu gémiras avant peu
De ta ressemblance avec Dieu.

(Entre Faust.)

FAUST.

Où va-t-on?

MEPHISTOPHELES.

Maître, où bon te semble.
Nous allons parcourir ensemble
Le petit monde, puis le grand:
Ecole où sans frais on apprend,
Où l'on profite, où l'on folâtre.

FAUST.

Oui, mais ma barbe d'écolâtre?
Sais-je vivre? Ai-je le bel air?

Je crains de faire un pas de clerc
Dans le monde où je vais te suivre.
Je me trouve, en société,
Si petit, si déconcerté!

MEPHISTOPHELES.

Rassure-toi, tu sauras vivre
Dès qu'en toi tu croiras un peu.

FAUST.

Mais comment sortir de ce lieu
Sans cheval, valet ni voiture?

MEPHISTOPHELES.

Bah! nous tenterons l'aventure.
Mon manteau déployé dans l'air
Nous soutiendra, mais je t'engage
A n'avoir qu'un mince bagage.
Je vais te soulever, mon cher,
Avec un peu d'air inflammable.
Pourvu qu'on soit léger, on monte vite et bien.
Reçois les compliments du diable
Pour ce voyage aérien.

LA CAVE D'AUERBACH

A LEIPZIG.

SOCIÉTÉ DE JOYEUX BUVEURS.

FROSCH.

Ohé, la bande ensommeillée,
Nul ne boit ni ne rit? Corbleu!
Vous voila, vous toujours en feu,
Comme de la paille mouillée.

BRANDER.

C'est toi qui n'as rien apporté,
Ni sottise, ni saleté.

FROSCH *lui verse un verre de vin sur la tête.*

Oui-da? prends, voilà l'une et l'autre.

BRANDER.

Double cochon!

FROSCH.

C'est toi qui veux
Qu'on le soit.

SIEBEL.

Qu'on envoie au peautre
Ceux qui se prennent aux cheveux!
A la ronde! Qu'on chante et casse
Les verres! Ho, hé, ran tan pan!

ALTMAYER.

Je suis mort. Du coton, de grâce!
Le gueux m'a brisé le tympan.

SIEBEL.

C'est quand s'effondrent les murailles
Qu'on sent le creux des basses-tailles.

FROSCH.

Bien. Celui qui se fâchera
Sortira. *Traderidera!*

ALTMAYER.

Derira! Le mal devient pire.

FROSCH.

Toutes les gueules sont d'accord.

(Il chante.)

Ce pauvre Saint-Empire,
Comment tient-il encor?

BRANDER.

Sotte affaire! Un chant politique,
Fi! quoi de plus antipathique?
Bénissez Dieu de n'avoir pas
Le Saint-Empire sur les bras.
Mon plus grand bonheur, c'est de n'être
Point empereur ni chancelier.
Mais dans tout état régulier
Il faut un chef. Prenons un maître!
Nommons un pape! Vous savez
Par quels talents, quelles prouesses
On monte à ces rangs élevés.

FROSCH, chante.

Rossignol, à nos maîtresses
Porte dix mille tendresses!

SIEBEL.

La chanson n'est pas de mon goût,
Pas de tendresses aux maîtresses!

FROSCH.

Oui, des tendresses, des caresses.
Tu m'écouteras jusqu'au bout.

(Il chante.)

Ouvre les verrous, car la nuit sommeille!
Ouvre les verrous à l'amant qui veille!
Ferme les verrous, car voici le jour!

SIEBEL.

Oui, chante et vante la donzelle
Qui m'a trompé, viendra ton tour.
Qu'elle ait pour régal avec elle
Un gnome dans un carrefour!
Que chez elle un vieux bouc se frotte
Venant du Blocksberg, et chevrote
Au galop un méchant bonsoir!
Mais un beau garçon bon à voir,
C'est bien trop bon pour ces tripières.
Moi, la chanter? De grosses pierres
Dans ses vitres; voilà, ma foi,
Le salut qu'elle aura de moi.

BRANDER, frappant sur la table.

Gare! attention, folle troupe!
Il est ici des amoureux:

J'ai des sérénades pour eux,
Des vers de la dernière coupe
Et faits pour mettre l'âme en train.
Poussez vivement le refrain.

(Il chante.)

Un rat faisant mainte fredaine,
Mangeant graisse et beurre à foison,
De Luther avait la bedaine;
Mais on lui donna du poison :
Lors à l'étroit sur notre terre,
Il eût voulu fuir Dieu sait où ;
Et l'on eût cru le pauvre hère
Amoureux fou.

CHOEUR.

Le pauvre hère amoureux fou.

BRANDER.

Sortant, rentrant, buvant aux mares,
Rongeant, grattant de ci de là,
Il fit des bonds, des tintamarres,
Vaine fureur qui l'essouffla.
N'en pouvant plus dans son délire,
Il eût fait la cour au matou ;
Et l'on eût dit le pauvre sire
Amoureux fou.

CHŒUR.

Le pauvre sire amoureux fou.

BRANDER.

Dans la cuisine sépulcrale
Il rentre et tombe en écumant,
Puis, étendu, renifle et râle
Près du feu lamentablement.
On s'écrie en crevant de rire :
« Il siffle par son dernier trou. »
Et l'on croirait le pauvre sire
Amoureux fou.

CHŒUR.

Le pauvre sire amoureux fou.

SIEBEL.

Riez donc, riez donc, pieds plats !
C'est beau d'empoisonner les rats.

BRANDER.

Es-tu pour eux ? Je t'en soupçonne.

ALTMAYER.

L'épreuve a rendu ce barbon

Très-sentimental et très-bon ;
Puis il voit sa propre personne
Dans le rat gonflé, boursouflé :
Grosse panse et crâne pelé.

FAUST ET MÉPHISTOPHÉLÈS.

MÉPHISTOPHÉLÈS.

Il faut d'abord que je te mène
Parmi la folle bande humaine.
Pour ceux-ci les instants sont courts :
C'est fête pour eux tous les jours ;
Avec un esprit de banlieue,
Mais toujours à l'aise, on les voit
Tourner dans un espace étroit,
Comme une chatte après sa queue.
Jamais leur front n'est obscurci ;
Tant qu'on fait crédit ou qu'on prête
Ou qu'ils n'ont pas mal à la tête,
Ils sont heureux et sans souci.

BRANDER.

Ces deux originaux, je gage,

Ne font qu'arriver de voyage
Et n'ont passé qu'une heure ici.

FROSCH.

Certe ils ne sont pas d'où nous sommes;
Leipzig est un petit Paris
Pour façonner les beaux esprits.

SIEBEL.

Que te semble de ces deux hommes?

FROSCH.

Laisse-moi faire, s'il te plait.
Comme aux enfants leurs dents de lait,
Vous allez voir si je leur tire
Les vers du nez. Ils vont tout dire,
Ils semblent fort bien nés, d'autant
Qu'ils ont l'air rogue et mécontent.

BRANDER.

Ce sont des charlatans.

ALTMAYER.

Peut-être.

FROSCH.

A l'amiable
Daubons-les!

MEPHISTOPHELÈS à Faust.

Ces morveux ne flairent pas le diable,
Quand même ils les tient au collet.

FAUST.

Messieurs, je suis votre valet.

SIEBEL.

Messieurs, c'est moi qui suis le vôtre.

(A part, regardant de travers Méphistophélès.)

Mais quoi! quel est ce bon apôtre
Qui cloche sur un de ses pieds?

MEPHISTOPHELES.

Messieurs, près de vous je m'assieds.
Certe, à défaut de vin potable,
Nous trouverons à votre table
De l'allégresse à notre faim.

ALTMAYER.

Peste, vous avez le goût fin!

FROSCH.

Vous venez de Rippach, sans doute;
Mais avant de vous mettre en route,
Chez Gros-Jean avez-vous été?

MEPHISTOPHELES.

Non, pas ce soir, mais l'autre été
Il nous chargea, quand nous le vîmes,
Des amitiés les plus intimes
Pour son aimable parenté.

(Il s'incline devant Frosch.)

ALTMAYER, bas.

Touché.

SIEBEL.

C'est une fine mouche.

FROSCH.

Tu vas voir comme on le remouche.

MEPHISTOPHELES.

Mais tout à l'heure, à l'unisson
Vous chantiez, si j'ai bonne oreille.
Vraiment, une voûte pareille
Doit rendre fièrement le son.

FROSCH.

Monsieur serait-il virtuose?

MEPHISTOPHELES.

Ma foi, le goût est vif, mais la voix, peu de chose.

ALTMAYER.

Régalez-nous d'une chanson.

MEPHISTOPHELES.

Fort bien. J'en sais une montagne.

SIEBEL.

Mais du tout neuf et du tout fin.

MEPHISTOPHELES.

Nous arrivons tout droit d'Espagne,
Le pays du chant et du vin.

(Il chante.)

Il était un roi très-sage
Ayant un gros puceron.

FROSCH.

Vraiment l'histoire est fine et vive!
Un puceron? galant convive!

MEPHISTOPHELES chante.

Il était un roi très-sage
Ayant un gros puceron,
Or il aimait ce luron
Comme un fils et davantage.

Donc il manda son tailleur :
« Pour ce seigneur qui grelotte,
Fais la plus belle culotte,
Taille l'habit le meilleur ! »

BRANDER.

Tailleur, prends mesure à la bête
Avec un talent accompli ;
Mais songes-y, gare à ta tête,
Si la culotte fait un pli !

MEPHISTOPHELES.

Notre insecte est dans la joie :
N'est-ce pas à rendre fou ?
Tout rubans, velours et soie,
Une croix lui pend au cou.
Bientôt on le fait ministre,
Le voilà comblé d'honneurs,
Et tous les parents du cuistre
A la cour sont grands seigneurs.

En mordant hommes et femmes,
Il se montre tout-puissant ;
Même la reine et ses dames,
Il les pique jusqu'au sang.
Mais il est aimé du prince :

On ne lui fait aucun mal.
Nous, quand on nous pique ou pince,
Nous écrasons l'animal.

CHŒUR, *jubilant.*

Nous, quand on nous pique ou pince,
Nous écrasons l'animal.

FROSCH.

Bravo, bis!

SIEBEL.

Autant en advienne
A tout insecte haut posté!

BRANDER.

Qu'on ferme les doigts, qu'on l'y prenne.

ALTMAYER.

Vive le vin! la liberté!

MEPHISTOPHELÈS.

La liberté? Certe à sa gloire
Je boirai... de toute ma voix,
Mais votre vin n'est pas à boire.

SIEBEL.

Ne dites pas cela deux fois!

8

MEPHISTOPHÉLÈS.

Sans les égards qu'on doit à l'hôte,
J'offrirais à chacun de vous
Du meilleur vin de notre côte.

SIEBEL.

Offrez; nous le prenons sur nous.

FROSCH.

Mais surtout, pour qu'on vous comprenne,
Faites-nous boire énormément.
Si je n'ai pas la bouche pleine,
Je déguste sans jugement.

ALTMAYER, bas.

Je le crois Rhénan, le bon drille.

MEPHISTOPHÉLÈS.

Auriez-vous, de grâce, une vrille?

BRANDER.

Pourquoi? vos tonneaux seraient-ils
Là dehors?

ALTMAYER.

Voici votre affaire:
Le maître tient là ses outils.

MEPHISTOPHELÈS à Frosch, prenant le foret.

Bon. Quel est le vin qu'on préfère ?

FROSCH.

Auriez-vous du vin de partout ?

MEPHISTOPHELES.

Que chacun choisisse à son goût.

ALTMAYER, à Frosch.

Tu lèches tes lèvres, beau sire ?

FROSCH.

Eh bien ! du vin du Rhin. Ce qui vaut toujours mieux,
Car le vin du pays, c'est le vin des aïeux.

MEPHISTOPHELES, perçant un trou sur le rebord de la table.
à l'endroit où Frosch est assis.

Tâchez d'avoir un peu de cire
Pour faire vite les bouchons.

ALTMAYER à Frosch.

C'est quelque jongleur de campagne.

MEPHISTOPHELES à Brander.

Et vous ?

BRANDER.

Moi? Du vin de Champagne,
Et qu'il mousse bien! Dépêchons!

(Méphistophélès continue de percer des trous ; qu'un des convives bouche avec de la cire.)

On peut trouver du bon même loin d'Allemagne,
Tout vrai Teuton hait les Gaulois,
Mais non pas leurs vins, et j'en bois.

SIEBEL à Méphistophélès qui s'approche de lui.

Moi je crains fort les boissons aigres :
Vous allez me verser du doux.

MÉPHISTOPHÉLÈS.

Du tokai va couler pour vous.

ALTMAYER.

Çà, messieurs, vous êtes allègres :
C'est assez vous gausser de nous.

MÉPHISTOPHÉLÈS.

Point. On risque trop quand on raille
Les capitans de votre taille.
Sus! Quels vins faut-il vous offrir?

ALTMAYER.

De tous, et sans plus discourir!

MEPHISTOPHELÈS, après que tous les trous ont été percés et bouchés, avec des gestes bizarres.

La Nature est sans fond ni bornes :
Plonge ton regard dans son sein;
La vigne porte du raisin,
Comme le bouc porte des cornes.
Le vin est suc, le cep est bois;
Ainsi, du bois de cette table
Jaillira du vin délectable.
C'est un miracle : admire et crois!
Sur ce, mes amis, qu'on débouche
Les trous et boive à pleine bouche!

TOUS.

Débouchons vite, débouchons!

(Ils débouchent les trous, le vin jaillit dans les verres.)

Quelles fontaines, quels breuvages!

MEPHISTOPHELES.

Ne laissez rien tomber!

(Ils boivent à coups redoublés.)

TOUS chantent.

Nous buvons en sauvages
Comme cinq cents cochons!

MEPHISTOPHELES.

Ils sont lancés. Joyeuse race!

FAUST.

Je voudrais bien quitter la place.

MEPHISTOPHELES.

Attends qu'en plein ait éclaté
Toute leur bestialité.

SIEBEL boit immodérément. Le vin coule à terre et se change en flamme.

Au secours! Que m'a-t-on fait boire?
C'est l'enfer qui me cuit!

MEPHISTOPHELES parlant à la flamme.

Paix, aimable élément!

(Aux buveurs.)

Pour cette fois ce n'est qu'un feu de Purgatoire.

SIEBEL.

Pour qui nous prenez-vous?

FROSCH.

Reviens-y seulement;
Tu le pairas cher, mon brave homme.

ALTMAYER.

Moi, je suis d'avis qu'on le somme
De s'en aller, mais poliment.

SIEBEL.

A nous ces tours de passe-passe!

MEPHISTOPHELES.

Paix, sac à vin!

SIEBEL.

Manche à balais!
Vous nous insultez, plats valets!

BRANDER.

On va taper : gare la casse!

ALTMAYER tire un bouchon de la table; le feu jaillit contre lui.

Je brûle!

SIEBEL.

Un sorcier! sans effroi
Qu'on le frappe! Il est hors la loi.

(Ils tirent leurs couteaux et s'avancent contre Méphistophelès.)

MEPHISTOPHELES avec un geste grave.

Les lieux, les sens que tout se trouble,
Que tout regard soit obscurci,

Que chacun se double ou dédouble,
Qu'il soit là-bas, qu'il soit ici!

(Tous s'arrêtent et se regardent étonnés.)

ALTMAYER.

Le beau pays! Que vois-je? Où suis-je?

FROSCH.

Des coteaux vineux? Quel prodige!

SIEBEL.

Du raisin? C'est prestigieux!

BRANDER.

Quels ceps! Quels pampres! Quelles grappes!

(Il prend Siebel par le nez, ainsi font tous l'un à l'autre en levant leurs couteaux.)

MEPHISTOPHELES.

Que l'illusion tombe et dessille leurs yeux...
Et vous, n'oubliez pas le diable et ses attrapes!

(Il disparaît avec Faust. Les buveurs se lâchent les uns les autres.)

SIEBEL.

Qu'est-ce?

ALTMAYER.

Quoi?

FROSCH.

Qu'est-ce que je tien?
C'est ton nez.

BRANDER à Siebel.

Et moi, j'ai le tien.

ALTMAYER.

Quel coup! Vrai, toute ma personne...
Vite un siége! — tremble et frissonne.
Tenez-moi, je tombe affaissé.

FROSCH.

Mais enfin, que s'est-il passé?

SIEBEL.

Le drôle s'est enfui sans phrase;
Si je le reprends, je l'écrase.

ALTMAYER.

Là, par la porte du caveau,
Je l'ai vu sortir, leste, ingambe
Et chevauchant sur un tonneau...
Mais j'ai du plomb dans chaque jambe.

(Se tournant vers la table.)

Ah ! si le vin qui tant coula
Coulait toujours, coulait de là !

SIEBEL.

Leurre, mensonges, vains spectacles !

FROSCH.

Mais ce vin que j'ai bu...

BRANDER.

Ces belles vignes d'or

ALTMAYER.

Qu'on vienne donc nous dire encor
Qu'il ne faut pas croire aux miracles !

CUISINE DE SORCIÈRE

Foyer bas, grande marmite sur le feu. Dans la vapeur qui en sort, diverses figures. Une Guenon, *assise près de la marmite, l'écume et empêche le bouillon de déborder; assis près d'elle, le* Mâle *et les* Petits *se chauffent. Aux murs et au plafond, bizarres ustensiles de sorcellerie.*

FAUST, MÉPHISTOPHÉLÈS

FAUST *à Méphistophélès.*

Sorcellerie et manigances,
Cela m'écœure, tu m'entends.
Tout ce chaos d'extravagances
Peut-il biffer l'œuvre du temps?
Et cette vieille Mélusine,
Par le bouillon de sa cuisine,
M'ôter du corps au moins trente ans?
Toute espérance est donc bannie?
Ne peux-tu rien pour me guérir?
Quoi! la Nature et le Génie
N'auraient pas de baume à m'offrir?

MÉPHISTOPHÉLÈS.

Ah! tu fais l'entendu? Veux-tu que je te livre
L'art de rajeunir les plus vieux?
Tu le trouveras dans un livre
Qui ne vient jamais sous tes yeux,
Et le chapitre est curieux.

FAUST.

Je veux connaître ce remède.

MÉPHISTOPHÉLÈS.

On l'a sans argent et sans l'aide
Du sorcier ni du médecin :
Va dans les champs, rien n'est plus sain;
Pioche et bêche, tiens ta caboche.
Dans un cercle étroit, bêche et pioche!
Prends des mets simples, si tu peux;
Vis comme un bœuf parmi les bœufs;
Sans croire te dégrader sème,
Fouille et fume ton champ toi-même.
C'est par ces moyens tout-puissants
Qu'on est jeune à quatre-vingts ans.

FAUST.

Je ne puis : le destin revêche

N'a pas fait mon bras pour la bèche,
Mon pied pour un étroit sillon.

MEPHISTOPHELÈS.

Alors il te faut la sorcière.

FAUST.

Pourquoi cette vieille grossière?
Cuis donc toi-même le bouillon.

MEPHISTOPHELÈS.

Beau passe-temps! En conscience,
J'aurais plus tôt construit cent ponts.
Il faut beaucoup d'art, de science,
Mais encor plus de patience.
Bien des jours, des mois, des saisons
Pour que la liqueur écumante
Longuement, lentement fermente
Et gagne ainsi tout son pouvoir.
C'est une œuvre extraordinaire;
Le diable qui doit la savoir
Peut l'enseigner, mais non la faire.
Vois ces fins museaux, s'il te plait :
C'est la servante et le valet.

(Aux Bêtes.)

Et la dame?

LES BÊTES.

Pour la dînée,
Par la cheminée
Elle s'est éloignée.

MEPHISTOPHELES.

Quel temps faut-il pour son repas?

LES BÊTES.

Le temps de nous chauffer les pattes.

MEPHISTOPHELES à Faust.

Les tendres bêtes, n'est-ce pas?

FAUST.

Je les trouve sottes et plates.

MEPHISTOPHELES.

Moi, non. Mon goût n'est pas le tien,
J'aime ce genre d'entretien.

(Aux Bêtes.)

Dites-moi donc, maudite espèce,
Quelle est cette bouillie épaisse?

LES BÊTES.

Nous cuisons la soupe des gueux.

MÉPHISTOPHÉLÈS.

Bon. Vos clients seront nombreux.

LE MALE, s'approchant et cajolant Méphistophélès.

Çà, jouons aux dés et fais que je gagne;
Je suis dans la gêne et bats la campagne,
Mais si, grâce à toi, la chance me rit;
J'aurai de l'argent, j'aurai de l'esprit.

MÉPHISTOPHÉLÈS.

Ce singe aimerait, je parie,
A jouer à la loterie.

(Pendant ce temps les petits singes ont joué avec une grosse boule qu'ils poussent en avant.)

LE MALE.

Ainsi va le monde, il monte et descend,
Il passe et repasse,
Brille comme verre et sonne, en passant,
Comme verre, et casse.
Il reluit ici, plus encor là-bas,
Mais, creux au dedans, ce monde est fragile.
Moi, je suis vivant; mais toi, tu mourras.
Prends garde, ô mon fils! La boule est d'argile.
Et tu la verras voler en éclats.

MEPHISTOPHELES.

A quoi bon ce crible?

LE MALE, descendant le crible du mur.

Ce crible
Pour tous les voleurs est terrible,
Et si tu l'étais, par ce trou
L'on te reconnaîtrait filou.
Viens ici, femelle, et prends garde;
Dans le trou mets tes yeux, guenon.
Vois le filou, dis-moi son nom.
Regarde!

MEPHISTOPHELES s'approchant du feu.

Et ce pot?

LE MALE ET LA FEMELLE.

Oh! le triple sot!
Quoi! tu ne connais pas le pot?
Ni la marmite?

MEPHISTOPHELES.

Ignoble bête!

LE MALE.

Prends le goupillon. Commençons la fête.

FAUST, *qui, pendant ce temps, debout devant un miroir, s'en rapproche ou s'en éloigne.*

Mais qu'ai-je vu? Quelle beauté
Rit dans ce miroir enchanté?
Amour, oh! prête-moi ton aile
La plus rapide, et me conduis
Près d'elle!
Mais il faut la voir d'où je suis.
Dès que j'en approche, l'image
Se voile comme d'un nuage.
Qu'elle est donc parfaite à mes yeux!
Est-ce que la femme est si belle?
Et faut-il que j'admire en elle
Le résumé de tous les cieux?
Hélas! cette beauté suprême
Se peut-elle trouver sur la terre?

MEPHISTOPHELÈS.

Oui, vraiment.
Quand six longs jours un dieu travaille obstinément
Et se dit *bravo!* le septième,
Certe, il doit mériter cet applaudissement.
Admire donc cette merveille,
Repais-en tes yeux aujourd'hui,

Plus tard on pourra bien te trouver la pareille :
Heureux le marié qui l'aura toute à lui!

(Faust regarde toujours dans le miroir. Méphistophélès, s'allongeant dans le fauteuil et jouant avec le goupillon, continue.)

Je suis comme un roi sur son trône;
Le sceptre est dans ma main ; qu'on m'offre la couronne!

LES BÊTES, qui, jusqu'à présent, ont fait quantité de mouvements bizarres, apportent, avec de grands cris, une couronne à Méphistophélès.

Mais, pour la coller, des sueurs, du sang!
Le travail, le crime!

(Ils portent maladroitement la couronne et la cassent en deux morceaux avec lesquels ils sautent de côté et d'autre.)

C'est fait à présent.
J'entends et je vois, je parle et je rime.

FAUST.

Malheur! j'y perds la tête.

MÉPHISTOPHÉLÈS.

Elle me tourne aussi.

LES BÊTES.

Et quand ça va bien, quand c'est réussi,
Ce sont des pensées.

FAUST.

Partons. J'ai dans le sein des ardeurs insensées.

MEPHISTOPHELÈS.

Ah! s'il fut jamais sous les cieux
Des poëtes, en voilà deux.

(La marmite, négligée par la guenon, déborde ; il en sort une grande flamme qui s'échappe par la cheminée. La Sorcière descend dans la flamme avec des cris horribles.)

LA SORCIÈRE.

Aïe, aïe!
Maudite truie!
Laissant brûler ceci, cela,
Guenon traîtresse,
Et la marmite et la maîtresse!

(Apercevant Faust et Méphistophélès.)

Que vois-je ici? Qu'est-ce donc là?
Que me veut-on? qui me réclame?
Damnés museaux,
Que cette flamme
Ronge vos os!

(Elle plonge l'écumoire dans la marmite et asperge de flammes Faust, Méphistophélès et les Bêtes. Celles-ci gémissent.)

MEPHISTOPHELES, retournant le goupillon qu'il a dans la main et frappant sur les verres et les pots.

A bas le pot, à bas le verre!
Mon goupillon

Renverse à terre
Tout le bouillon.

(La Sorcière recule terrifiée et horrifiée.)

Hein! carogne! Quelle brisure!
Ce n'est qu'un jeu de ma façon.
Pour accompagner ta chanson,
J'ai voulu battre la mesure.
Spectre, gouine, reconnais-tu
Ton seigneur? C'est lui qui fracasse.
Sur ton dos si j'avais battu,
J'aurais dépecé ta carcasse.
Disloqué tes singes esprits.
Prends-tu par hasard en mépris
La plume de coq, l'habit rouge?
Flaires-tu pas de ton nez fin,
Quel maître est venu dans ton bouge?
Et faut-il me nommer enfin?

LA SORCIERE.

Pardon, maître. Je n'ai pu distinguer encore
Le pied de cheval, ni ne vois
Vos deux corbeaux.

MEPHISTOPHELES.

Pour cette fois
Je veux te pardonner, pécore.

Voilà quelque temps, j'en conviens,
Que tes yeux n'ont pas vu les miens.
Le progrès qui n'a plus de bornes
Et veut couvrir le monde entier,
Sur le diable a fait son métier;
Il ôta les griffes, les cornes,
La queue au fantôme du Nord;
Quant à ce pied qui m'incommode,
Je serais mal vu si j'allais
Le montrer; je suis donc la mode
Et je porte de faux mollets.

LA SORCIÈRE, dansant.

Oui-da! Comme cette marmite,
Ma tête est renversée. Eh quoi!
Lui, le seigneur Satan, chez moi?

MEPHISTOPHELÈS.

Femme, évite ce nom.

LA SORCIÈRE.

Pourquoi?
Que vous a-t-il fait?

MEPHISTOPHELES.

C'est un mythe.
Satan passe au rang des faux dieux.

Mais l'homme au fond n'en vaut pas mieux.
Le malin n'est plus, la malice
Demeure et les malicieux.
Mais, comme il faut qu'on m'anoblisse,
Appelle-moi monsieur le baron. A présent,
Comme tout cavalier, je suis pétri de charmes :
Tu ne doutes pas de mon sang?
Regarde ici, voilà mes armes.

(Il fait un geste indécent.)

LA SORCIÈRE, riant immodérément.

Ha! toujours vif et polisson!
Ha, ha! Les gaillardes manières!

MEPHISTOPHELES à Faust.

Apprends cela. C'est la façon
D'en agir avec les sorcières.

LA SORCIÈRE.

Sur ce, messieurs, que vous faut-il?

MEPHISTOPHELES.

Un bon verre, tu sais, de ta plus vieille essence.
Car les ans doublent la puissance
Et l'effet du philtre subtil.

LA SORCIÈRE.

Bien. J'en possède une bouteille
Où de loin en loin, pauvre vieille,
Je vais lamper moi-même un coup.
Ça ne sent pas mauvais du tout;
Je vous en offre un petit verre...
Vous savez notre loi sévère?
Si cet homme en boit tout d'abord
Sans qu'on l'y prépare, il est mort.

MÉPHISTOPHELÈS.

C'est un ami très-cher. Il me plaît qu'on lui donne
L'élixir le meilleur. Fais ton cercle, bourdonne
Tes mots, et verse jusqu'au bord!

(Avec une gesticulation bizarre la Sorcière trace un cercle où elle place des objets singuliers. Les verres tintent, les marmites sonnent comme en musique. A la fin elle apporte un gros livre et place dans le cercle les singes qui lui servent de pupitre et tiennent la torche. Elle fait signe à Faust de venir près d'elle.)

FAUST, à Méphistophélès.

A quoi jouons-nous, je te prie?
Absurde fantasmagorie!
C'est trop connu, c'est odieux.

MÉPHISTOPHELÈS.

Bah! c'est pour rire et tu maugrées!

Pour que le philtre opère mieux,
Il faut bien quelques simagrées.

(Il force Faust d'entrer dans le cercle.)

LA SORCIÈRE lit dans le livre et déclame avec emphase.

Tu dois comprendre : d'un fais dix,
Laisse deux — puis, je te le dis,
Nivelle trois et laisse quatre.
Fais sept et huit de cinq et six,
Tu seras riche, et, sans débattre,
Nous aurons le bon numéro.
Neuf font un et dix font zéro :
C'est la magique et prophétique
Arithmétique.

FAUST.

Cette femme a la fièvre, un sang qui fume et bout.

MEPHISTOPHELES.

Mais nous ne sommes pas au bout.
C'est le livre entier qui délire.
J'ai perdu mon temps à le lire :
Les contradictions parfaites ont aux yeux
Des plus sots et des plus habiles
Le même attrait mystérieux :
Il est toujours nouveau, ce vieux art des sibylles.

En tout temps, mainte et mainte fois,
On s'est servi de trois et d'un, d'un et de trois,
Pour remplacer le vrai par le faux, et l'on glose
A l'aise, on enseigne, on s'impose;
Qui s'occupe des fous, des sots?
On croit communément, quand on entend des mots,
Que ces mots disent quelque chose.

LA SORCIERE, de même.

Le savoir et son haut pouvoir
Sont voilés pour celui qui pense,
Mais de penser qu'on se dispense,
On a tout, pouvoir et savoir.

FAUST.

Ah çà, quels non-sens nous dit-elle?
J'ai l'esprit sens dessus dessous;
Je crois entendre pêle-mêle
Vociférer cent mille fous.

MEPHISTOPHELES.

Assez, brave magicienne!
Prends ta liqueur la plus ancienne,
Et surtout donnes-en beaucoup.
Ne crains rien pour mon camarade;

Ayant déjà pris plus d'un grade,
Il a déjà bu plus d'un coup.

(La Sorcière, avec beaucoup de cérémonies, verse la boisson dans une grande coupe; une flamme s'en échappe au moment où Faust la porte à ses lèvres.)

Prends-moi ça. Mets ton cœur en joie,
Va toujours. Eh quoi! l'on tutoie
Le diable et l'on a peur du feu?

(La Sorcière rompt le cercle. Faust en sort.)

Sus à présent! Hors de ce lieu!
Il faut remuer, partons vite.

LA SORCIÈRE.

Que ce petit coup vous profite!

MEPHISTOPHELES à la Sorcière.

Si mon secours te fait besoin,
A Walpurgis viens me le dire.

LA SORCIÈRE.

Voici des vers qu'il faut chanter de loin en loin.
Vous verrez leur effet.

MEPHISTOPHELES à Faust.

Viens. Laisse-toi conduire.
Pour que le philtre opère au dedans, au dehors,

Tu dois mettre en sueur ton corps,
Puis, dans une noble paresse,
Je te laisserai t'égaudir :
Tu sentiras bientôt, frémissant d'allégresse,
Dans ton sein, Cupidon se dresser et bondir.

FAUST.

Un coup d'œil encore sur elle
Dans ce miroir : elle est si belle !

MEPHISTOPHELES.

Non, tu verras bientôt surgir à ton côté
Un modèle vivant de parfaite beauté.

(A part.)

Ayant bu cette coupe pleine,
Dans chaque femme, en vérité,
Tu penseras voir une Hélène.

UNE RUE

FAUST, MARGUERITE passant.

FAUST.

Ose-t-on, belle demoiselle,
Vous offrir ce bras, cette main?

MARGUERITE.

On n'est demoiselle ni belle,
Et seule on ira son chemin.

(Elle se dégage et s'en va.)

FAUST.

Par les cieux! cette fille est belle.
Je n'ai rien vu de si charmant :
Elle se tient si décemment,
Puis, cet air piquant et rebelle...
Sa joue en feu, sa bouche en fleur,

Je les verrai ma vie entière.
Comme elle baisse la paupière!
Cela m'est resté sur le cœur.
Et puis si doucement farouche!
Comme elle a vite pris la mouche!
C'est à ravir de prime-saut.

(Entre Méphistophélès.)

FAUST à Méphistophélès.

Toi! — Cette fille, il me la faut.

MEPHISTOPHELÈS.

Qui?

FAUST.

Vois là-bas, celle qui presse
Le pas.

MEPHISTOPHELES.

Celle-là? Peste! Elle vient de confesse,
Elle est pure de tout péché.
Tout près de son prie-Dieu je m'étais approché :
C'est un innocent petit être
Qui n'avait rien à dire au prêtre.
Ici nous sommes impuissants.

FAUST.

Elle n'a donc pas quatorze ans?

MEPHISTOPHELÈS.

Maître galantin, tu supposes
Qu'on peut cueillir toutes les roses,
Que toute faveur, tout honneur
Ne sont que pour toi, beau seigneur?
Tout doux! Ce n'est point si commode.

FAUST.

Maître pédant, à bas le code!
Je te dis tout net et sans bruit :
Si cette fraîche enfant que j'aime
N'est pas dans mes bras ce soir même,
Nous nous séparons à minuit.

MEPHISTOPHÈLES.

Mais avez-vous la raison saine?
Il me faut toute une quinzaine
Rien que pour prendre le moment.

FAUST.

Pour moi, si j'avais seulement
Sept heures devant moi, sans le secours du diable
J'aurais en mon pouvoir la petite.

MEPHISTOPHELES.

Incroyable!
Voilà que vous parlez quasi comme un Français.
N'allez pas cependant vous rebuter trop vite.
A quoi bon jouir tout de suite?
Beau miracle qu'un prompt succès!
Le plaisir, c'est quand la poupée
Nous tient longtemps l'âme occupée,
Qu'on l'a pétrie entre ses doigts,
Et de mille affiquets nippée,
Comme dans les contes gaulois.

FAUST.

Donne-moi d'elle quelque chose,
Fais-moi voir où l'enfant repose,
Oh! que je tienne dans ma main
Le mouchoir qui voile son sein.
Une jarretière, qu'importe?

MEPHISTOPHELES.

Pour vous montrer combien je suis
Prêt à soulager vos ennuis,
Je vais vous conduire à sa porte.

FAUST.

Et je la verrai, je l'aurai?

MÉPHISTOPHELÈS.

Non. Elle doit être à cette heure
Chez une voisine. A plein gré,
Vous pourrez seul, en sa demeure,
Respirer son air et tenir
Dans vos bras la joie à venir.

FAUST.

Allons-nous?

MÉPHISTOPHELÈS.

C'est trop tôt.

FAUST.

Pour elle,
Cherche un présent de meilleur goût.

(Il sort.)

MÉPHISTOPHELÈS.

Bravo! Donner du premier coup!
Peste! Il réussira. Voyons. Je me rappelle
Maint et maint vieux trésor caché par-ci par-là...
Refouillons un peu tout cela.

LE SOIR

Une petite chambre bien propre.

MARGUERITE, *défaisant ses nattes.*

Quel était donc sur mon passage
Ce monsieur bravement tourné?
Je suis sûre qu'il est bien né,
J'ai vu cela sur son visage;
S'il ne l'était pas, en effet,
Eût-il osé ce qu'il a fait?

(Elle sort.)

MÉPHISTOPHÉLÈS, FAUST

MÉPHISTOPHÉLÈS.

Entrez donc.

FAUST, après un silence.

Laisse-moi tout seul.

MEPHISTOPHELES.

A la bonne heure!
Aucune autre ne tient si propre sa demeure.

(Il sort.)

FAUST, regardant autour de lui.

Salut, suave demi-jour
Baignant ce sanctuaire où l'âme est apaisée!
Viens envahir mon cœur, douce peine d'amour
Que l'espérance endort et nourrit de rosée.
Quel ordre, quelle paix, quelle sérénité
Dans cet air pur où je me noie!
Que d'abondance au fond de cette pauvreté,
Et dans ce cachot quelle joie!

(Il se jette dans le fauteuil en cuir près du lit.)

Prends-moi, toi qui, naguère, aux bons, aux mauvais jours,
A ceux qui ne sont plus, ouvris tes bras toujours!
Que de troupeaux d'enfants sont venus à la ronde
Autour de ce vieux trône où je m'assieds tout seul!
A la Noël peut-être elle aussi, l'enfant blonde,
Ici vint se courber sous la main de l'aïeul.
Je crois entendre le génie
Du foyer, dont la voix maternelle et bénie,

Jeune fille, t'apprend l'ordre minutieux,
Te fait tendre avec soin le tapis sur la table,
Saupoudrer le plancher de sable...
Douce main, divine à mes yeux!
Tu fais d'une chaumière un monde radieux
Et là...

(Soulevant le rideau du lit.)

Mais quel frisson m'agite? Oh! là, si brèves
Les heures s'enfuiraient pour moi!
O Nature! c'est là que l'ange, sous ta loi,
S'achevait en de légers rêves;
L'enfant reposait en ce lieu,
Le sein tout plein, tout chaud de vie;
Là, par une œuvre pure et saintement suivie,
Se formait l'image de Dieu.

Mais toi, que veux-tu? qui t'amène?
D'où te vient ce profond émoi?
Pourquoi ton âme est-elle en peine?
Misérable Faust, est-ce toi?
Suis-je donc entouré d'une vapeur qui charme?
Quoi! ce cœur qui battait, si pressé de jouir,
Dans un rêve d'amour se laisse évanouir!
L'air qu'on respire ici me change et me désarme.
N'est-ce pas que tes torts seraient vite expiés,
Si devant toi, soudain tu la voyais paraître?

Que tu serais petit, grand maître!
Comme tu fondrais à ses pieds!

MÉPHISTOPHELÈS, rentrant.

Vite, elle vient. Prenons le large.

FAUST.

Je ne reviendrai plus ici.

MÉPHISTOPHELÈS.

Ce coffret est lourd. Le voici.
Serrons là dedans cette charge

(Montrant une armoire.)

Que j'ai su trouver n'importe où.
Son cœur va sauter comme un fou.
Fillette au fond n'est que fillette,
Comme un joujou n'est qu'un joujou.

FAUST.

Je ne sais si je dois...

MÉPHISTOPHELÈS.

Sottise!
Questionnerez-vous encor?

Voulez-vous garder ce trésor?
En ce cas, je conseille à votre convoitise
D'épargner ma peine et mon temps.
Vous, avare? Fi donc! quel soupçon malhonnête!
Je me frotte les mains... je me gratte la tête

(Il met l'écrin dans l'armoire qu'il referme aussitôt.)

Sus! décampons, tambours battants!
Et la douce enfant d'elle-même
Va se livrer à nos amours.
Mais vous paraissez morne et blême,
Comme si près d'entrer dans la salle des cours,
Au son d'une horrible musique,
Vous voyiez devant vous épouvantablement
Se dresser la Physique et la Métaphysique...
En route, sans perdre un moment!

(Ils sortent.)

MARGUERITE, une lampe à la main.

Qu'il fait lourd! C'est un feu qui tue.
On n'a pas si chaud dans la rue.

(Elle ouvre la fenêtre.)

Je ne sais ce que j'ai dans cet air étouffant...
J'ai froid... j'ai peur... folle chimère!

Je voudrais voir rentrer ma mère...
Oh ! la sotte et craintive enfant !

(Elle se déshabille et se met à chanter.)

Il était un roi dans Thulé,
Qui, du jour où mourut sa belle,
Garda, toujours inconsolé,
La coupe d'or qu'il tenait d'elle.

D'un trait il la vidait souvent,
Tant pour lui la coupe eut de charmes,
Et chaque fois, en y buvant,
Il avait les yeux pleins de larmes.

Un jour, sentant qu'il se mourait,
Il donna tout, villes et terre,
A son héritier sans regret,
Mais retint la coupe si chère.

Il alla, suivi de sa cour,
S'asseoir à la table royale ;
La mer baignait la haute tour,
Sur la mer donnait la grand'salle.

Se levant, il voulut encor
Boire un dernier souffle de vie,

Puis il jeta la coupe d'or,
Que la mer eut bientôt ravie.

Il la vit tomber, s'engloutir,
Disparaître sous l'onde noire,
Sentit ses yeux s'appesantir
Et pour jamais cessa de boire.

(Elle ouvre l'armoire et aperçoit le coffret.)

Oh le joli coffret ! qui l'a donc apporté ?
J'avais fermé l'armoire ; ici nul ne pénètre.
Que peut-il contenir ? C'est un gage peut-être
Sur lequel ma mère a prêté ?
La petite clé me convie...
Je vais, je pense, ouvrir... Voilà.
Oh ! mais, qu'est-ce donc que cela ?
Jamais je n'ai rien vu de pareil en ma vie.
Tous ces bijoux-là, Dieu du ciel !
Une dame pourrait les porter... à Noël !
Si j'essayais la chaîne ? A qui donc ces merveilles ?

(Elle met les bijoux et va au miroir.)

Oh ! rien que ces pendants d'oreilles,
Que volontiers je les mettrais !
Comme avec ça l'on est tout autre !
Ah ! triste monde que le nôtre !
Que sert d'être jolie et d'avoir le teint frais ?

C'est bel et bon, cela, mais le monde s'en passe,
Et quand il vous en loue, il vous fait une grâce...
C'est l'or qu'on aime et qu'à genoux
Tous adorent, — ah! pauvres nous!

UNE PROMENADE

FAUST va et vient, absorbé dans ses pensées.
MÉPHISTOPHELÈS l'aborde.

MÉPHISTOPHELÈS.

Malheur ! Par les amours déçus,
Par l'élément d'enfer ! Existe-t-il encore
Quelque chose de pis ? Je jurerai dessus.

FAUST.

Ça, quelle fièvre te dévore !
Onc ne vis si terribles traits.

MÉPHISTOPHELÈS.

Au diable je me donnerais,
Si ce n'était pas moi le diable.

FAUST.

As-tu le cerveau dérangé ?
Quitte donc cet air pitoyable :
Il te sied mal d'être enragé.

MEPHISTOPHELES.

Pensez donc. Ces bijoux, ces admirables choses,
Un prêtre nous a les a soufflés.
La mère a vu le pot aux roses...
Elle en eut les esprits troublés ;
La dame a le nez fin, sans cesse
Plongé dans un livre de messe
Ou dans tous les meubles fourré :
Cherchant si tel objet est profane ou sacré.
Or ce coffret, quand on le flaire,
Sentant quelque peu le roussi :
« Enfant, dit-elle, qu'est ceci ?
Bien mal acquis que peut-il faire ?
Lier l'âme et brûler le sang.
Qu'à la mère de Dieu cette chose profane
Soit *offerte*, afin que la manne
Pleuve sur nous du ciel d'où la grâce descend... »
Quand sa mère ainsi la rabroue,
Margot fait sa petite moue,
En pensant qu'à cheval donné

L'on ne regarde pas la bouche,
Et que celui qui l'a gentiment amené
Ne peut être un payen farouche.
Quand le prêtre, appelé par la mère, eut compris,
Il régala ses yeux de ces bijoux de prix.
« C'est bien, dit-il, on gagne à se vaincre soi-même ;
L'Église a l'estomac plein de soumission ;
Elle a croqué, même en carême,
Des royaumes entiers sans indigestion.
Mesdames, par l'Église seule
Bien mal acquis est digéré. »

FAUST.

Bah ! l'usage est commun. C'est un fait avéré
Que les Juifs et les Rois n'ont pas moins fraîche gueule.

MEPHISTOPHELES.

Là-dessus, le petit collet
Rafle tout de ses mains discrètes,
Bagues et chaine et bracelet,
Comme si c'étaient des noisettes,
Sans même dire : « S'il vous plait, »
Ni « merci, » promettant du reste
A toutes deux la paix céleste :
Le grand bien que ça leur a fait !

FAUST.

Et Marguerite?

MÉPHISTOPHÉLÈS.

Elle est assise,
Troublée, inquiète, indécise,
Rêvant du beau coffret — mais plus que du coffret,
De la main qui l'a mis dans sa chambre en secret.

FAUST.

Je plains la pauvre créature.
Qu'elle ait vite une autre parure :
La première, au fond, valait peu.

MÉPHISTOPHÉLÈS.

Oui, pour monsieur tout n'est qu'un jeu.

FAUST.

Va donc, suis mon idée, entretiens la voisine.
Diable, ne sois pas soupe au lait!
Des bijoux et pas de lésine!

MÉPHISTOPHÉLÈS.

Seigneur, je suis votre valet.

(Faust sort.)

Dans ses folles billevesées,
Pour offrir à sa belle un cadeau sans pareil,
Il lancerait en l'air la lune, le soleil
Et les étoiles en fusées !

LA MAISON DE LA VOISINE

MARTHE, seule.

Dieu pardonne à mon cher mari
Qui pour moi ne fait rien qui vaille,
Court le monde et le guilleri
Et me plante là sur la paille !
Pourtant je l'aimais de bon cœur,
Dieu sait, et ne le fâchais guère.

(Elle pleure.)

Peut-être est-il mort, — ô douleur !
Si j'avais seulement son extrait mortuaire !

(Entre Marguerite.)

MARGUERITE.

Dame Marthe...

MARTHE.

Qu'est-ce donc ? Quoi !

MARGUERITE.

Mes genoux chancellent sous moi...
Voyez quelle nouvelle aubaine !
Dans mon armoire, des joyaux
Encor plus riches et plus beaux
Plein ce coffret en bois d'ébène.

MARTHE.

Mais à ta mère n'en dis rien,
Car tous ces bijoux, tu sais bien,
A confesse on les subtilise.

MARGUERITE.

Voyez, mais voyez donc !

MARTHE, lui mettant la parure.

Heureuse enfant !

MARGUERITE.

Hélas !
Parée ainsi, je ne peux pas
Aller dans la rue, à l'église.

MARTHE.

Hé bien ! tu peux venir me voir,
Te faire belle en ma demeure.

En secret, devant le miroir
Défiler une petite heure,
Et ce sera charmant. Puis, plus tard, peu à peu,
Dans les fêtes on montre aux gens quelque merveille :
D'abord la chaine, puis une perle à l'oreille ;
Maman n'y verra que du feu...
Puis on peut lui faire une histoire.

MARGUERITE.

Mais qui donc a dans mon armoire
Mis ces deux coffrets ? C'est pour sûr
Quelque chose de bien obscur.

(On frappe.)

Ma mère ! ma peur est extrême !

MARTHE, regardant à travers le petit rideau de la porte.

Non, c'est un étranger. Entrez !

(Entre Méphistophélès.)

MÉPHISTOPHÉLÈS.

J'entrerai donc
Tout droit, en demandant pardon.

(Il recule respectueusement devant Marguerite.)

Madame Schwerdtlein ?

MARTHE.

C'est moi-même ;
Qu'avez-vous à me dire ?

MEPHISTOPHELES, bas à Marthe.

Rien.
J'interromps à tort l'entretien,
Car vous avez, je le soupçonne,
Chez vous une haute personne ;
Je vous gène contre mon gré :
Après midi je reviendrai.

MARTHE, haut.

Hein ! ce que c'est que d'être belle !
Monsieur te prend, sais-tu ? pour une demoiselle.

MARGUERITE.

Monsieur est trop bon. Sur ma foi,
Je ne suis qu'une pauvre fille ;
Ces bijoux ne sont pas à moi.

MEPHISTOPHELES.

Ce n'est pas seulement la parure qui brille,
C'est le ton, c'est l'œil vif qui frappent tout d'abord.
Donc je reste et j'en suis bien aise.

MARTHE.

Enfin que veut de nous monsieur, ne lui déplaise?

MEPHISTOPHELES.

Ne vous courroucez pas trop fort,
Mes nouvelles ne sont pas roses.
Votre mari, madame, est mort
Et vous fait dire bien des choses.

MARTHE.

Mort! Le plus fidèle des cœurs!
Mon pauvre homme est mort! Je me meurs!

MEPHISTOPHELES.

Chère dame, Dieu vous assiste!
Écoutez l'histoire, elle est triste.

MARGUERITE.

Oh! ne jamais aimer, voilà tout mon désir:
Quand nous l'aimons, celui qui s'en va nous emmène.

MEPHISTOPHELES.

Bah! chaque plaisir a sa peine
Et chaque peine son plaisir.

MARTHE.

Racontez-moi sa fin.

MÉPHISTOPHÉLÈS.

Aussi béni qu'un moine,
Il repose à Padoue, auprès de saint Antoine,
En terre sainte et fraîche où l'on dort satisfait.

MARTHE.

N'avez-vous de sa part rien apporté ?

MÉPHISTOPHÉLÈS.

Si fait !
J'apporte une prière à vous, à tous ses proches :
Faites dire pour lui trois cents messes. D'ailleurs
Je n'ai rien pour vous dans mes poches.

MARTHE.

Quoi ! pas même un bijou ? Ce que les travailleurs,
Le moindre ouvrier sans ressource
Garde saintement dans sa bourse,
Dût-il mendier, eût-il faim...

MÉPHISTOPHÉLÈS.

J'en suis désolé, mais enfin
Votre mari n'a pas gaspillé sa finance ;

Il a bien regretté ses torts
Et plus encor sa malechance.

MARGUERITE.

Que les hommes, hélas! ont de malheureux sorts!
Je redirai pour lui la prière des morts.

MEPHISTOPHELES.

Vous méritez le mariage :
Vous êtes une aimable enfant.

MARGUERITE.

Ce serait bien tôt et peu sage.

MEPHISTOPHELÈS.

A défaut d'époux, un amant
Qu'on tient dans ses bras, c'est charmant.

MARGUERITE.

Mais ici, ce n'est pas l'usage.

MEPHISTOPHELES.

Usage ou non, toujours on peut
Arranger cela quand on veut.

MARTHE.

Mais l'histoire, je vous en prie!

MÉPHISTOPHÉLÈS.

J'étais au lit de mort du brave homme, un peu mieux
Que du fumier, c'était de la paille pourrie.
En chrétien il ferma les yeux.
Il avait un gros poids sur l'âme :
« J'exècre mon iniquité,
Criait-il bien haut; j'ai quitté
Mon état, délaissé ma femme;
Ce souvenir me tue et je me sens damné :
Qu'elle me pardonne en chrétienne! »

MARTHE.

Cher cœur! depuis longtemps il était pardonné.

MÉPHISTOPHÉLÈS.

« Mais, disait-il, c'est moins ma faute que la sienne. »

MARTHE.

Il ment. Peut-on mentir en expirant, bon Dieu!

MÉPHISTOPHÉLÈS.

Oui, si je m'y connais un peu,
Il divaguait beaucoup, criant à mes oreilles :

« Je n'avais pas le temps de bayer aux corneilles,
Car je devais avec ma femme être charmant,
Lui faire des enfants, gagner leur pain, et ferme,
Oui leur pain, dans le sens le plus large du terme!
Et je n'en mangeais pas ma part tranquillement! »

MARTHE.

A-t-il donc oublié ma vertu conjugale,
Mon affection sans égale,
Mes tracas de chaque moment?

MEPHISTOPHELES.

Point. Je l'entends encor qui vous vante et s'exalte.
Il me disait : « En quittant Malte,
Je priai Dieu, l'été passé,
Pour mes enfants, ma femme, et je fus exaucé;
Si bien qu'aux Turcs notre galère
Ravit leur vaisseau capitan
Avec les trésors du sultan.
La bravoure obtint son salaire;
Grâce a l'équité du destin,
J'eus ma grosse part du butin. »

MARTHE.

Comment? Où? L'a-t-il enfouie?

MÉPHISTOPHÉLÈS.

Qui sait? Aux quatre vents elle est évanouie.
Se promenant à Naple, il eut un goût si fin,
Une charmante demoiselle
Lui fut si gracieuse et surtout si fidèle,
Qu'il s'en est ressenti, je crois, jusqu'à sa fin.

MARTHE.

Voleur de ses enfants! Pendard qui nous affame!
Quoi! pas même les coups du sort
N'ont empêché sa vie infâme?

MÉPHISTOPHÉLÈS.

Vous voyez bien qu'il en est mort.
Si j'étais vous, toute une année,
Je le pleurerais décemment,
En mijotant sous cape un nouvel hyménée.

MARTHE.

O Dieu! mais où trouver un pareil garnement?
Un écervelé si charmant?
Sauf l'amour des choses légères,
La passion de voyager,
Un goût pour le vin étranger

Et pour les femmes étrangères.
Mais surtout pour les dés.

MÉPHISTOPHÉLÈS.

Pourtant
Si lui, de son côté, vous en passait autant,
Ça pouvait aller. Sur mon âme,
A ces conditions, je voudrais, belle dame,
Vous épouser tambour battant.

MARTHE.

Je le vois, monsieur aime à rire.

MÉPHISTOPHÉLÈS, à part.

Diantre! décampons au plus tôt.
Elle prendrait le diable au mot.

(A Marguerite.)

Et votre cœur, à vous, hein?

MARGUERITE.

Que voulez-vous dire?

MÉPHISTOPHÉLÈS, à part.

Chaste enfant!

Haut.

Adieu donc.

MARGUERITE.

Adieu.

MARTHE.

Mais je desire
Un écrit attestant, comme un fait avéré,
Que mon cher homme est mort et qu'il est enterré.
J'aime l'ordre et je voudrais lire
Le doux nom que je chérissais
Sur la feuille où sont les décès.

MEPHISTOPHELES.

Quand il est attesté par deux témoins, madame,
Un fait est vrai. Je sais quelqu'un, une bonne âme,
Prêt à parler au juge. On peut, dès aujourd'hui,
Vous l'amener. Faut-il?

MARTHE.

Oh oui!

MEPHISTOPHELES, à Marguerite.

Y serez-vous, mademoiselle?
Un garçon d'esprit et de zèle,
Un voyageur de bon aloi,
Poli près du sexe, aimable hôte...

MARGUERITE.

Devant lui je rougirai, moi.

MÉPHISTOPHÉLÈS.

Vous? Pas même devant un roi.

MARTHE.

Nous serons toutes deux, sans faute,
Derrière ma maison, ce soir,
Seules au jardin. A revoir!

UNE RUE

FAUST, MÉPHISTOPHÉLES

FAUST.

Hein? marchons-nous? allons-nous vite?

MÉPHISTOPHÉLES.

Ah! bravo. Je vous trouve en feu.
Vous aurez l'enfant avant peu.
Vous la verrez déjà ce soir. On vous invite
Chez Marthe, sa voisine, une femme de bien,
Race d'entremetteuse ou de bohémienne.

FAUST.

C'est bon.

MÉPHISTOPHÉLES.

Mais en retour...

FAUST.

On ne fait rien pour rien,
Je le sais, qu'à cela ne tienne.

MEPHISTOPHELES.

Nous devons attester légalement le fait
Que son époux est mort, et que sa cendre éteinte
Git à Padoue en terre sainte.

FAUST.

Et nous devons, à cet effet,
Aller jusque-là? C'est parfait.

MEPHISTOPHELES.

Sancta simplicitas! Témoignez donc, mon maitre,
Sans savoir, et les yeux fermés, témoignez donc!

FAUST.

Si tu n'as rien de mieux à me proposer, non!

MEPHISTOPHELES.

Le saint homme! vous croyez l'être?
Vous pensez qu'on l'est pour si peu?
Vous êtes pur, bien pur de tout faux témoignage?

N'avez-vous pas lancé, depuis votre jeune âge,
Des définitions sur Dieu,
Le monde et tout ce qui s'y meut,
Sur l'homme et tout ce qui tempête
En lui, dans son cœur, dans sa tête,
Avec un étonnant aplomb
Et les phrases les plus altières?
Et cependant sur ces matières
En saviez-vous beaucoup plus long
Que sur feu Schwerdtlein? Allons donc!

FAUST.

Tu n'es et ne seras qu'un menteur, un sophiste.

MEPHISTOPHELES.

Oui, pour qui ne voit pas les choses plus à fond.
Ne vas-tu pas toi-même, austère moraliste,
Effeuiller dès demain Marguerite, une fleur,
Et de plus lui jurer tout l'amour de ton cœur?

FAUST.

Sans doute, et sans mentir.

MEPHISTOPHELES.

Bel et bien. Avec elle
Tu parleras de foi, de tendresse éternelle,

D'élan irrésistible, unique et cœtera...
Toujours du fond du cœur?

FAUST.

Assez. Cela sera.
Quand je me sens ému jusqu'au profond de l'âme,
Que, ne sachant nommer la ferveur qui m'enflamme,
Je demande à la terre, aux cieux les plus beaux noms,
Et n'en trouvant aucun qui soit trop grand pour elle,
Je l'appelle infinie, éternelle... éternelle!...
Est-ce un mensonge infâme, un de vos jeux, démons?

MEPHISTOPHELES.

J'ai raison tout de même.

FAUST.

Épargne mes poumons.
Une langue agile, exercée,
Qui veut avoir raison, a raison jusqu'au bout.
Assez causé, tu dois avoir raison; surtout
Parce que j'ai la main forcée.

UN JARDIN

MARGUERITE au bras de **FAUST.**
MARTHE et **MEPHISTOPHÉLES** se promenant
de long en large.

MARGUERITE.

Je vois que monsieur me ménage
Et qu'il se fait petit pour moi, j'en rougis bien.
Un voyageur, content de peu, fait bon visage
Au peu qu'il trouve, c'est l'usage.
Quel plaisir à mon entretien
Pour qui sait tant? Je ne sais rien.

FAUST.

Chère enfant, un mot de ta bouche,
Un regard de tes yeux me touche
Plus que tout le savoir humain

(Il lui baise la main.)

MARGUERITE.

Ne vous donnez pas cette peine,
Comment peut-on baiser ma main?
Elle est si rude, si vilaine!
J'ai tant à faire et je le fais...
Maman regarde de si près!

(Ils passent.

MARTHE, à Méphistophélès.

Ainsi, monsieur, toujours en voyage?

MÉPHISTOPHÉLÈS.

Oui, sans doute.
On a des devoirs, des métiers,
Et, quand on resterait souvent si volontiers,
Il faut que, l'œil en pleurs, on se remette en route.

MARTHE.

C'est beau dans la verte saison,
Libre et gai, de courir la terre;
Mais quand vient l'âge de raison,
Vivre seul en célibataire,
Et se traîner seul au tombeau,
Franchement, ce n'est plus si beau.

MEPHISTOPHELÈS.

Je tremble à voir de loin venir cette disgrâce.

MARTHE.

Avisez donc à temps, cher monsieur, l'heure passe.

(Ils s'éloignent.)

MARGUERITE.

Loin des yeux, loin du cœur. Je voi
Qu'ici vous me flattez dans l'ombre,
Mais dehors vous avez des amis en bon nombre:
Ils ont bien plus d'esprit que moi.

FAUST.

Mais tout l'esprit qu'ils ont ne fait que des bévues,
Ce n'est souvent que vanité,
Clairvoyance des courtes vues.

MARGUERITE.

Plait-il?

FAUST

Ah! c'est donc vrai que la simplicité,
L'innocence toujours s'ignorent elles-mêmes?

C'est donc vrai que l'humilité,
La résignation tranquille, dons suprêmes
Que la nature, en nous aimant...

MARGUERITE.

Penserez-vous à moi... rien qu'un petit moment?
Moi, pour penser à vous, j'aurai du temps de reste.

FAUST.

Vous vivez bien seule.

MARGUERITE.

Oui. Le ménage est modeste,
Mais il y faut pourvoir. J'ai les soins du foyer,
Nous n'avons pas de bonne, et je dois balayer,
Cuisiner, tricoter, coudre et faire des courses.
De l'aube au soir je suis debout ;
Maman compte fort et voit tout,
Non qu'on soit chez nous sans ressources ;
On serait, si l'on y tenait,
Mieux que beaucoup de gens, plus au large qu'on n'est.
Mon père nous laissa du bien, puis, hors de ville,
Un petit toit, un jardinet.
A présent je suis plus tranquille ;
Mon frère est soldat loin d'ici
Et ma petite sœur est morte.

L'enfant m'était un doux souci
Et souvent la tâche était forte...
Ah ! je m'y remettrais pourtant
De bien bon cœur ! Je l'aimais tant

FAUST.

Ressemblait-elle à son aînée ?
Alors, c'était un ange.

MARGUERITE.

Elle aussi m'aimait fort.
Je l'élevais. Quand elle est née,
Notre père était déjà mort,
Et ma pauvre mère, étendue
Dans son grand lit, était si bas,
Qu'on la croyait déjà perdue;
Le mieux revint, mais tard; elle ne pouvait pas
Donner le sein; je dus tout faire,
Nourrir ma sœur de lait mêlé d'eau, c'est pourquoi
Le pauvre oiselet fut à moi ;
Je devins sa petite mère.
Dans mes bras, sur mon sein, l'enfant
Riait, sautillait, se fit grand.

FAUST.

Pour toi quelles délices pures !

MARGUERITE.

Mais aussi des heures bien dures !
Près de mon lit j'avais son berceau dans la nuit.
Éveillée au plus léger bruit,
Il fallait lui donner à boire,
Auprès de moi la rendormir,
Ou, pour l'empêcher de gémir,
Me lever dans ma chambre noire,
Y faire, en dansant, bien des tours ;
Puis, le lavoir avant l'aurore,
Le marché, la cuisine encore
Hier, aujourd'hui, tous les jours !
Oh ! bien souvent on perd courage,
On n'a plus le cœur à l'ouvrage,
Mais le repas est bon, mais le sommeil est doux.

(Ils passent.)

MARTHE.

Les pauvres femmes n'ont pas d'armes
Pour convertir un vieux garçon.

MEPHISTOPHELES.

Détrompez-vous,
Rien qu'une suffirait... pourvu qu'elle eût vos charmes.

MARTHE.

Çà, monsieur, n'avez-vous rien trouvé ni cherché ?
Votre cœur nulle part ne s'est-il attaché ?

MEPHISTOPHELES.

Ménage à soi, brave compagne,
Vaut mieux, dit-on, qu'or et cocagne.

MARTHE.

Je veux dire : avez-vous conçu
Jamais l'idée...

MEPHISTOPHELES.

On m'a partout fort bien reçu.

MARTHE.

J'entends : n'avez-vous donc jamais, au fond de l'âme,
Rien eu de sérieux ? Soyez de bonne foi.

MEPHISTOPHELES.

Il ne faut jamais, selon moi,
Badiner avec une femme.

MARTHE.

Vous ne me comprenez en rien.

MEPHISTOPHELES.

J'en ai certe une peine extrême.
Toutefois je comprends fort bien
Que vous êtes la bonté même.

(Ils passent.)

FAUST.

Ange, à mon entrée au jardin
Tu m'as donc reconnu soudain ?...
Réponds... je veux qu'on me le dise.

MARGUERITE.

N'avez-vous donc pas vu qu'on a baissé les yeux ?

FAUST.

Mais as-tu pardonné, dis, à l'audacieux
Qui s'est montré si fat au sortir de l'église ?

MARGUERITE.

D'abord, j'en eus le cœur saisi.
L'aventure jamais ne m'était arrivée ;
Nul n'avait pu sur moi dire aucun mal ici.
Je pensais en moi-même : Il faut qu'on t'ait trouvée

Bien peu modeste et réservée,
Pour oser te traiter ainsi.
Mais tout bas une voix cachée
Parlait pour vous, j'en fais l'aveu,
Et contre moi j'étais fâchée
De l'être contre vous si peu.

FAUST.

Chère enfant !

MARGUERITE, effeuillant sa fleur.

Laissez, je vous prie.

FAUST.

Qu'est-ce ? un bouquet ?

MARGUERITE.

Ce n'est qu'un jeu.

FAUST.

Quoi !

MARGUERITE.

Laissez. J'ai peur qu'on n'en rie.

FAUST.

Que murmures-tu donc tout bas,
Dis ?

MARGUERITE.

Il m'aime, il ne m'aime pas.

. . . . .

FAUST.

Cher ange venu du ciel même !

MARGUERITE.

Laissez. Il m'aime, pas, il m'aime, pas, il m'aime !

FAUST.

Oh ! oui. Que ce mot de la fleur
Soit l'oracle des dieux. Il t'aime !
Entends-tu bien ce mot ? Il t'aime !

(Il lui prend les deux mains.)

MARGUERITE.

Je frissonne.

FAUST.

Sois donc sans peur.
Que mon regard, ma main dans ta main qu'elle presse,
Te disent ce que rien ne saurait exprimer,
Rien, pas même le mot d'aimer !
Se donner tout entier, et goûter une ivresse

Infinie, éternelle... oh oui! je le promets,
Car la fin, ce serait le désespoir! Jamais
De fin, jamais, jamais!

Marguerite lui serre la main, se dégage et se sauve
Après un moment de réflexion, Faust la suit.

MARTHE.

La nuit tombe.

MÉPHISTOPHÉLÈS.

Elle nous renvoie.

MARTHE.

Je vous retiendrais avec joie,
Mais pour nous l'endroit n'est pas bon.
Les gens n'ont ici, croirait-on,
D'autre souci ni d'autre affaire
Que d'épier chez les voisins.
Sur nous, quoi que nous puissions faire,
Pleuvent dru les caquets malsains.
Mais notre couple?

MEPHISTOPHELÈS.

Dans l'allée
Là-bas, ils ont pris leur volée.
Les papillons mutins ont fui.

MARTHE.

C'est qu'on le croirait, sur mon âme,
Épris d'elle.

MEPHISTOPHELES.

Elle aussi de lui.
Ainsi va le monde, madame.

LE PAVILLON

MARGUERITE, FAUST
MÉPHISTOPHÉLÈS

MARGUERITE s'est élancée dans le pavillon, se cache derrière la porte et, un doigt sur les lèvres, regarde à travers la fente.

Il vient!

FAUST.

Friponne à l'œil moqueur.
Attrape!

(Il l'embrasse.)

MARGUERITE.

O le meilleur des hommes.
Tiens. Je t'aime de tout mon cœur!

(Elle lui rend son baiser. Méphistophélès heurte à la porte.)

FAUST.

Qui vive?

MEPHISTOPHELES.

Ami.

FAUST.

Butor!

MEPHISTOPHELES.

Nous sommes,
Ce me semble, à l'heure où l'on part.

MARTHE, arrivant.

Mais oui, monsieur, il se fait tard.

FAUST, à Marguerite.

Laissez-moi donc vous reconduire.

MARGUERITE.

C'est que ma mère pourrait dire...
Adieu!

FAUST.

Hélas! puisqu'il le faut,
Adieu.

MARTHE.

Bonne nuit!

MARGUERITE.

A bientôt!

(Faust et Méphistophélès partent.)

MARGUERITE.

Dieu bon! quel homme! Et dans sa tête dévorante
Que de choses! Moi, devant lui,
Je ne savais dire que oui.
Ah! pauvre petite ignorante,
Que peut-il donc trouver en moi
Qui lui plaise? — Je ne sais quoi.

BOIS ET CAVERNES

FAUST, MÉPHISTOPHÉLÈS.

FAUST, seul.

Sublime esprit, c'est toi qui donnes à mon âme
Tout ce qu'elle implorait. Et ce n'est pas en vain
Que vers moi ton regard s'est tourné dans la flamme.
Tu m'offris la Nature et la mis sous ma main,
Et me faisant sentir combien elle était belle,
Tu m'as dit : « Ne sois pas seulement devant elle
Froidement exalté, mais regarde en son sein
Comme au sein d'un ami. » Devant moi, sur la terre,
Tu mènes le cortége immense des vivants.
Tu me fais rencontrer à chaque pas un frère,
Dans les buissons muets, dans les eaux et les vents.
Quand au fond des forêts l'orage gronde et roule,
Quand on voit tout à coup les branches et les troncs

Fracassés, entraînés par le grand pin qui croule,
Et, croulant, fait bondir l'écho tonnant des monts;
Alors, en m'abritant dans une grotte obscure,
Tu m'ouvres tout mon cœur, dévoilant à mes yeux
Ses merveilleux secrets, ses plis mystérieux.
Bientôt la lune aux cieux monte, apaisante et pure,
Et l'on sent, quand partout flottent à ses rayons
Sur les parois des rocs, dans l'épaisseur des branches,
Les choses d'autrefois, comme des formes blanches,
S'adoucir l'âpre ardeur des contemplations.

Hélas! rien n'est complet dans une joie humaine.
Pourquoi m'as-tu donné, dans ces élans secrets
Qui m'élèvent si près des dieux, toujours plus près,
Le compagnon fatal qui me glace et me mène?
Je ne puis me passer de lui, mais je le hais.
Il m'abaisse à mes yeux par sa froide insolence,
Et d'un souffle il réduit à néant tes bienfaits.
De sa flamme embrasé mon sein brûle et s'élance
Vers l'image qu'il aime et qu'il voudrait saisir,
Puis, ivre, du désir passe à la jouissance,
Et dans la jouissance il pleure le désir.

(Entre Méphistophélès)

MEPHISTOPHELES.

Ah çà! mais cette vie, à la longue, est sans doute
Assommante pour le cerveau!

J'admets qu'une fois on en goûte,
Mais il faut après du nouveau.

FAUST.

Hé quoi! troubler toujours ainsi mes bonnes heures!
N'as-tu rien à faire de mieux?

MEPHISTOPHELES.

Tu ne parles pas sérieux :
Je te laisse en paix et tu pleures!
Regretterais-je un compagnon
Fou comme toi, brusque et grognon?
Nous t'ouvrons en vain nos mains pleines
Bah! jamais ton nez, pour nos peines,
Ne dit s'il est content ou non.

FAUST.

Voilà bien mon diable. Il m'assomme,
Et je dois lui dire merci.

MEPHISTOPHELES.

O fils de la terre, pauvre homme,
Sans moi qu'aurais-tu fait ici?
Sans moi, de tes billevesées
Te sentirais-tu soulagé?
N'aurais-tu pas, par les croisées,

Violemment déménagé?
D'où vient donc qu'en hibou tu hantes
Ces creux et ces pierres suantes,
Vivant comme un crapaud, nourri
D'eau bourbeuse et de moisissure?
Joli passe-temps, je t'assure!
Ah! le docteur est mal guéri!

FAUST.

Si tu savais combien de force et quelle vie
Ce désert ranime en mon cœur,
Tu serais diable assez pour me porter envie
Et pour m'arracher ce bonheur.

MEPHISTOPHELÈS.

Un plaisir surhumain! Se coucher solitaire
Dans la rosée et l'ombre en quelque alpestre lieu,
Étreindre en pâmant ciel et terre,
S'enfler jusqu'à se croire un dieu,
Fouiller la terre avec des rêves grandioses,
Contenir dans son sein l'œuvre entier des six jours,
S'exalter, fou d'orgueil, et s'enivrer toujours,
Se répandre sur toutes choses;
Dans une tendre effusion,
Vivre d'azur — et clore en somme

La sublime intuition...

(Il fait un geste.)

Je n'ose pas trop dire comme.

FAUST.

Fi donc!

MÉPHISTOPHÉLÈS.

Ceci vous déplaît fort,
Ce *fi* pudique n'a pas tort.
A chaste oreille il faut qu'on taise
Ce dont nul chaste cœur ne saurait se passer.
Vous voulez vous mentir à vous-même? A votre aise!
Si c'est votre plaisir, on peut vous le laisser
Ce ne sera pas long. — Écoute,
Tu sors de nouveau de la route;
Si cela dure, gare à toi!
Avant peu tu seras sans doute
Mort ou fou d'angoisse et d'effroi.
Assez! — Ta bien-aimée existe,
Mais tout lui parait lourd et triste.
Elle ne peut du cœur te quitter un moment.
Bref, elle t'aime énormément.
Comme un ruisseau grossi par la neige fondue,
Ton amour a roulé dans cette âme éperdue,
Et maintenant, voilà qu'il est
A sec, le mince ruisselet.

Tu devais bien, je crois, mon noble et puissant maître,
Loin de courir les bois, d'y trôner en vainqueur,
Payer d'un peu d'amour ce pauvre petit cœur.
Elle trouve le temps si long! De sa fenêtre,
Elle regarde et suit les nuages obscurs
Passant par dessus les vieux murs;
« Si j'étais un oiseau! » c'est la romance aimée
Que, de l'aube à minuit, elle dit tout le jour,
Gaie, et plus souvent triste, elle rit tour à tour
Et fond en larmes, puis elle paraît calmée...
Et ne cesse d'aimer et ne vit que d'amour.

FAUST.

Serpent! serpent!

MEPHISTOPHELES, à part.

Bon, je t'enlace.

FAUST.

Scélérat, quitte donc la place.
A ta voix mon cœur a frémi :
Tu sens que vers elle il s'élance...
Ne me dis pas son nom... silence!
N'agite plus mes sens égarés à demi!

MEPHISTOPHELÈS.

Il faut une fin, une suite.
Le pauvre oiseau dans sa prison
T'appelle en vain, te croit en fuite.
N'a-t-elle pas presque raison?

FAUST.

Je suis, même de loin, près d'elle et dans sa vie.
Mon cœur jamais du sien ne sera détaché.
Moi l'oublier, la perdre! Hélas! je porte envie
Même au corps du Seigneur que sa lèvre a touché.

MEPHISTOPHELES.

Fort bien; moi, j'envie autres choses :
Les jumeaux paissant dans les roses[19].

FAUST.

Hors d'ici, ruffian!

MEPHISTOPHELES.

Calmez donc vos esprits.
Vous m'injuriez; moi, je ris.
Le bon Dieu, qui créa les garçons et les filles,
Reconnut la beauté de ma profession,
Et, dans l'intérêt des familles,

Lui-même, le premier, créa l'occasion.
Sur ce, décampons d'un coup d'aile.
Ah! mon pauvre homme, on te plaint fort!
C'est dans la chambre de ta belle
Que tu vas, et non à la mort.

FAUST.

Que pourrai-je éprouver en ses bras? quelle ivresse?
Puis-je donc réchauffer mon sein contre son sein
Et ne pas sentir sa détresse?
Moi, rôdeur sans but ni chemin,
Sans toit ni paix, sans rien d'humain?
Moi, pareil au torrent dont l'onde
De roche en roche tombe et gronde,
Et que pousse au gouffre béant
Un fatal besoin de néant;
Elle, humble enfant aux sens endormis, confinée
Sur les monts, sous un humble toit,
Enfermée en un monde étroit,
Toute aux soins de la maisonnée...
Pour moi, qui suis maudit de Dieu,
C'est trop peu d'envahir les rochers, c'est trop peu
Que je les brise et je les broie;
Elle aussi je l'entraîne, elle et toute sa joie!
Enfer, il te fallait cette victime aussi?
Diable, abrége donc mon souci;

Ce qui doit advenir advienne!
Livrés tous deux au même sort,
Que ma vie entraîne la sienne,
Qu'elle s'abime dans ma mort.

MEPHISTOPHELES.

Comme ça bout encore et brûle! Oh! tête folle,
Va donc chez elle et la console!
Quand un myope, avec les pauvres yeux qu'il a,
Ne trouve pas d'issue, il dit : Tout finit là.
Mais vive qui tient bon! C'est lui seul qui prospère.
N'es-tu donc pas assez endiablé? Sous les cieux
Rien n'est sottement ennuyeux
Comme un diable qui désespère.

LA CHAMBRE DE MARGUERITE

MARGUERITE, *seule, à son rouet.*

Mon cœur est si lourd et si loin ma paix!
Je n'en aurai plus jamais, plus jamais.

Quand il n'est pas la, je suis comme morte;
Le monde est pour moi comme du poison.

Je ne vois plus rien, je perds la raison.
Ma tête s'en va, c'est lui qui l'emporte.

Mon cœur est si lourd et si loin ma paix!
Je n'en aurai plus jamais, plus jamais.

Pour ne voir que lui j'ouvre ma fenêtre,
Pour n'aller qu'à lui je sors de chez moi...

Oh! sa haute taille et ses airs de roi!
Comme il sourit bien! Comme il parle en maître!

Et son beau regard qui peut tout oser,
Et ma main qu'il presse... et las! son baiser.

Tout mon cœur à lui s'élance à toute heure...
Oh! l'étreindre encore et le retenir!

Et puis l'embrasser sans jamais finir,
Tant que je voudrai, si fort que j'en meure!

LE JARDIN DE MARTHE

MARGUERITE, FAUST.

MARGUERITE.

Tu me promets, Henri...

FAUST.

Ce que je peux.

MARGUERITE.

Ecoute,

As-tu de la religion?
Quoique bon et parfait sans doute,
Tu n'y fais guère attention.

FAUST.

Enfant, laissons cela. Je t'aime.
Cœur et sang, je me donne à ceux que j'aime, à toi...
Sans jamais leur ôter leur église et leur foi.

MARGUERITE.

C'est fort bien, mais il faut y croire tout de même.

FAUST.

Faut-il?

MARGUERITE.

Si je pouvais toucher tes sentiments!
Tu n'as pas de respect pour les saints sacrements.

FAUST.

Si fait.

MARGUERITE.

Tu n'y tiens pas. Te voit-on à la messe?
Vas-tu seulement à confesse?
Crois-tu même en Dieu?

FAUST.

Hé! qui peut
Dire bien haut : Je crois en Dieu!
Questionne un savant, un prêtre, et je t'annonce,
Ma chère enfant, que leur réponse
Raillera ta demande.

MARGUERITE.

Ainsi tu n'y crois pas?

FAUST.

Ne me mésentends point, chère âme au doux sourire!
Qui donc peut le nommer et dire :
« Je crois en lui. » Qui donc, sentant battre ici-bas
Dans sa poitrine un cœur, dira : « Je n'y crois pas! »
Comprends-tu pas que lui, l'immensité suprême
Qui contient, soutient tout, contient également,
Soutient aussi toi, moi, lui-même?
Vois-tu pas s'arrondir là-haut le firmament,
Et, ferme, sous nos pieds la terre au loin s'étendre?
Les étoiles sur nous, d'un regard doux et tendre,
Se pencher éternellement?
Quand mon œil dans le tien se pose,
Dis, ne sens-tu pas toute chose
A la tête, au cœur te monter;
Et mystérieuse, invisible,
Visible autour de toi flotter?
Eh bien! de tout cela remplis, s'il est possible,
Ton cœur; heureuse et pleinement.
Que ton âme en soit inondée!
Alors, à ton frémissement
Donne le premier nom qui te vienne à l'idée :
Bonheur, amour, ou cœur, ou Dieu...
Que sais-je? un nom m'importe peu :

Le nom n'est que bruit ou fumée
Qui noircit le ciel pur et bleu.

MARGUERITE.

C'est beau, c'est bon cela. Le curé, dans sa prose,
Dit à peu près la même chose...
Mais les mots sont un peu différents.

FAUST.

Sous les cieux
Toute âme dit cela dans sa langue, en tous lieux;
Pourquoi ne pas le dire aussi, moi, dans la mienne?

MARGUERITE.

A t'entendre tu parles d'or,
J'y vois pourtant du louche encor...
Car tu n'as pas de foi chrétienne.

FAUST.

Chère enfant!

MARGUERITE.

Dès longtemps, ce qui m'afflige fort,
C'est de te voir toujours en cette compagnie...

FAUST.

De qui veux-tu parler?

MARGUERITE.

De ce mauvais génie
Qui te suit... je le hais à mort.
Rien ne m'a fait au cœur plus maligne blessure.
Que son aspect si repoussant.

FAUST.

Que ma poltronne se rassure!

MARGUERITE.

Son regard me tourne le sang.
Je ne veux de mal à personne,
Mais autant j'ai besoin de tes yeux, de ta voix.
Autant près de lui je frissonne.
C'est un vilain homme... je crois...
Si j'ai tort, que Dieu me pardonnne.

FAUST.

Il faut bien de ces oiseaux-là.

MARGUERITE.

Vivre avec des gens de la sorte,
Oh! non. Dès qu'il passe la porte,
On voit d'emblée à l'air qu'il a,
A sa mine qui fronde et gronde,

Que rien ne l'intéresse au monde;
On sent qu'il ne nous aime pas.
Oh! je suis si bien dans tes bras,
A toi si librement, si pleinement donnée!
Mais que cet homme entre, le cœur
Se referme transi de peur.

FAUST.

Pressentiment d'un ange!

MARGUERITE.

Oh! j'en suis dominée
Au point que s'il est là, je ne suis plus à toi...
Je crois ne plus t'aimer. C'est comme un mauvais songe.
Je ne puis plus prier; j'ai là je ne sais quoi
Qui me déchire et qui me ronge.
Henri, n'es-tu pas comme moi?

FAUST.

C'est de l'antipathie.

MARGUERITE.

Il faut que je te quitte.

FAUST.

Déjà? Toujours si tôt, si vite?
Attendrai-je toujours en vain
Cette faveur que je réclame :
Une heure, une pauvre heure à passer sur ton sein?
Cœur à cœur, mon âme en ton âme?

MARGUERITE.

Ah! si je dormais seule, on pourrait sans danger,
Ce soir, ne pas fermer le verrou de la porte...
Mais c'est ma mère... elle a le sommeil si léger!
Si nous étions surpris... Dieu! je tomberais morte.

FAUST.

Enfant, tu la verras dormir et de bon cœur:
Prends ce flacon, cette liqueur,
Mets-en trois gouttes dans son verre.

MARGUERITE.

Eh bien! — C'est sans danger au moins?

FAUST.

Esprit peureux!
Te l'aurais-je donné, si c'était dangereux?

MARGUERITE.

Rien qu'à te regarder, cher homme, pour te plaire,
Je cède et je ne sais pourquoi.
Ah! j'ai déjà tant fait pour toi!
Je n'ai presque plus rien à faire.

(Elle sort. Entre Méphistophélès.)

MEPHISTOPHELES.

Partie?

FAUST.

Oh! l'espion!

MEPHISTOPHELES.

Je me suis avisé
Qu'ici mons le docteur était catéchisé.
Grand bien vous fasse! Il faut pour l'heure aux demoiselles
Des garçons du vieux style, humbles, pieux et doux.
« Ceux qui font en ceci le plongeon, pensent-elles,
Le feront bientôt devant nous. »

FAUST.

Quoi! monstre, tu n'admets donc pas qu'une âme ardente
Qui pense que la foi peut seule ouvrir les cieux,
Pleure en croyant perdu ce qu'elle aime le mieux?

MEPHISTOPHELES.

Concupiscence transcendante!
Esprit pur aux sens effrénés,
Qu'un enfant mène par le nez!

FAUST.

Vil avorton de boue et de feu!

MEPHISTOPHELES.

Mais ta mie,
Hein? Comme elle s'entend en physionomie!
Mon minois la rend donc... toute chose; elle y sent
De l'imprévu, de l'effroyable.
Je suis un esprit tout-puissant,
Et qui sait? Peut-être le diable!
He, hé! cette nuit, à loisir...

FAUST.

Qu'est-ce que ça te fait?

MEPHISTOPHELES.

Ça me fait grand plaisir.

A LA FONTAINE

MARGUERITE. LISETTE. avec des cruches

LISETTE.

Mais personne ici ne l'ignore.

MARGUERITE.

Je vois si peu les gens d'ici!

LISETTE.

C'est très-sûr. Tout à l'heure encore
Sybille me l'a dit, ainsi...
Barbette est perdue, elle aussi.
Ah! les grands airs, ça vous dérange.

MARGUERITE.

Quoi donc?

LISETTE.

C'est puant et hideux.
Maintenant, *qu'elle boive ou mange*,
Elle mange, elle boit pour deux.

MARGUERITE.

Ah !

LISETTE.

Elle a ce qu'elle mérite.
Que de temps ne fut-elle pas
Accrochée à cet hypocrite !
Toujours ensemble, jamais las,
Au village, à la danse, elle était la première :
Puis il la régalait sans fin
De petits pâtés et de vin :
Elle se croyait belle, et si droite, et si fière !...
Puis des cadeaux ! Elle prenait
Sans rougir, tout ce qu'il donnait ;
Puis des tendresses, des caresses !...
Puis... adieu la petite fleur !

MARGUERITE.

La pauvre fille !

LISETTE.

Beau malheur!
Quoi! tu la plains? Quand nous, pauvresses,
Nous devions tourner le rouet,
Nos mères défendant qu'on sorte!...
Elle et lui, le soir, à souhait
Restaient assis devant la porte;
Dans la sombre allée on fuyait...
Les bonnes heures de délice!
Le temps n'était jamais trop long.
Maintenant on prend le cilice
Et la haire... on courbe le front.

MARGUERITE.

Il l'épousera?

LISETTE.

Pas si bête!
Le fin jeune homme a trop de flair
Et trouvera partout de l'air.
Il a fui!

MARGUERITE.

Ce n'est pas honnête.

LISETTE.

S'il l'épouse, il leur en cuira.
Par les garçons elle verra
Sa couronne blanche arrachée;
Chaque fille à sa porte ira
Semer de la paille hachée.

(Elle sort.)

MARGUERITE, rentrant chez elle.

Que j'étais donc fiere autrefois
Quand tombait une malheureuse!
Contre elle j'enflais tant ma voix!
Sa noirceur me semblait affreuse,
Et je la noircissais encor, le cœur outré,
Sans la trouver jamais assez noire à mon gré.
Je me signais, la tête haute,
Et moi-même à present j'ai besoin de pardon.
Mais las! ce qui m'a mise en faute,
C'était si doux, mon Dieu, si bon!

LES REMPARTS

Une Mater dolorosa dans une niche. Devant l'image, des pots de fleurs. Marguerite y met des fleurs fraîches.

MARGUERITE.

O mère des douleurs
Au sein percé d'un glaive,
Prends pitié de mes pleurs
Ton regard qui se lève

Vers ton fils mis en croix,
Sur une malheureuse
Baisse-le cette fois,
O mère douloureuse !

Et de la croix tes yeux
Vont là-haut vers le Père ;
Ton soupir monte aux cieux
Et dit la mort du Fils et le deuil de la Mère.

Oh ! qui peut connaitre ici-bas
Mon pauvre cœur et ses combats
Et son martyre ?
Ce qui l'épouvante et l'attire,
Tu le sais, toi, tu peux le dire,
Toi seule, hélas !

Partout où je me traine,
J'ai ma peine et ma chaine
A trainer, pauvre enfant !
Seule, seule à toute heure,
Je pleure, pleure, pleure...
En moi le cœur se fend.

Dès l'aube, à ma croisée,
Je t'ai cueilli ces fleurs :
Chacune est arrosée,
Tu le sais, de mes pleurs.

Entra dans ma chambrette
Un soleil éclatant :
J'étais sur ma couchette
Assise et sanglottant.

Sauve-moi de la honte et de la mort affreuse!
Sur moi, sur mes tourments,
Baisse tes yeux cléments,
O mère douloureuse!

NUIT

Rue devant la porte de Marguerite.

VALENTIN, soldat, frère de Marguerite.

Autrefois, quant au cabaret
Coudes sur table on se carrait,
Et qu'à l'envi de joyeux drilles
Vantaient la fine fleur des filles,
Je prenais, me frottant la barbe, un verre plein,
Et, riant des hâbleurs qui s'échauffaient en vain :
« Trouvez-moi dans le monde une autre Marguerite, »
Disais-je d'un ton cavalier,
« En est-il une qui mérite
De lui dénouer son soulier? »
Et l'on trinquait : Top, top ! Kling, klang ! « A la bonne heure ! »
Criaient aussitôt plusieurs voix,
« C'est la plus sage et la meilleure ! »
Et les vantards se tenaient cois.

Mais maintenant! — Oh! c'est à s'arracher des touffes
De poils, à grimper sur les murs!
Je suis en butte aux mots impurs,
Aux affronts, aux lazzis des bouffes!
Comme les mauvais débiteurs,
Au moindre mot je sue et tremble;
En insultant les insulteurs,
Je peux les rosser tous ensemble,
Mais non les traiter de menteurs.

Qui va là? qui se glisse? un homme...
Ils sont deux. Si c'est lui... d'un bond,
Tombant sur sa peau, je l'assomme.
Le traître est déjà moribond.

FAUST, MÉPHISTOPHÉLÈS.

FAUST.

Aux vitres de la sacristie
On voit d'abord le feu de la lampe qui luit
Monter droit, mais bientôt la lueur amortie
Pâlit, penche, s'évanouit,
Et tout rentre dans les ténèbres;
Ainsi dans mon âme il fait nuit.

MEPHISTOPHÉLÈS.

Quant à moi, j'ai dans mes vertèbres
Des agilités de matou
Grimpant, pour se frotter aux toits, sur les échelles...
Outre mes vertus naturelles,
Vertus de bouc et de filou,
Je la pressens dès l'avant-veille,
La nuit de Walpurgis qui fait battre mon sein
Et qui revient après demain,
Nuit où l'on sait pourquoi l'on veille.

FAUST.

Ce trésor que tu me promets,
Qui là-bas sous terre flamboie,
Parle, en sortira-t-il jamais ?

MEPHISTOPHÉLÈS.

Tu l'auras, tiens ton cœur en joie :
J'ai depuis peu lorgné dedans
De gros monceaux d'écus ardents.

FAUST.

Pas même une bague, pas même
Un bijou pour celle que j'aime?

MEPHISTOPHELÈS.

Si. Dans le tas j'ai vu briller
Comme les perles d'un collier.

FAUST.

Bon. Je vais chez elle avec peine,
Lorsque je n'ai pas la main pleine,

MEPHISTOPHELES.

Je ne comprends pas vos regrets
D'être aimé quelquefois sans frais.
Ecoutez maintenant une œuvre magistrale.
Sous cette étoile d'or qui brille au firmament,
Je chante à la petite une chanson morale,
Pour la perdre plus sûrement.

(Il chante en s'accompagnant de la guitare.)

Où vas-tu de la sorte,
Que fais-tu si matin,
Catherine, à la porte
De joli galantin?
Prends garde au mauvais drille
Qui t'ouvre au petit jour;
A l'entrée on est fille,
Mais non plus au retour.

Gare à toi, la fillette,
L'homme est perfide et noir :
La chose est bientôt faite,
Et quand c'est fait, bonsoir !
Ne va donc pas te rendre
A ce larron damné ;
Ne lui laisse rien prendre
Qu'après l'anneau donné.

VALENTIN, s'avançant.

Hein ? quoi ? que pipes-tu là, mauvais garnement,
Vil charmeur de rats ! misérable !
D'abord au diable l'instrument,
Et le chanteur ensuite, au diable !

MEPHISTOPHELES.

La guitare est en deux morceaux :
N'y pensons plus !

VALENTIN.

J'en vais faire autant de tes os
Et fendre vos deux crânes, gare !

MEPHISTOPHELÈS à Faust.

Monsieur le docteur, en avant !
Tenez-vous contre moi. Hardi! Flamberge au vent!
Je vous conduis. Poussez, je pare.

VALENTIN.

Pare donc ceci.

MEPHISTOPHELES.

Pourquoi non?

VALENTIN.

Et cela.

MEPHISTOPHELES.

Bien sûr, compagnon.

VALENTIN.

Ça! mais. c'est le diable, ou je meure!
J'ai le bras lourd, je suis brisé.

MEPHISTOPHELES à Faust.

Pousse!

VALENTIN, tombant.

Ah! je tombe.

MEPHISTOPHÉLÈS.

A la bonne heure!
Le butor est apprivoisé.
Sur ce, hors d'ici qu'on se glisse!
J'entends crier à l'assassin.
On s'arrange avec la police,
Mais le gibet, c'est plus malsain.

MARTHE, à sa fenêtre.

Sortez, à l'aide!

MARGUERITE, à sa fenêtre

Une lumière!

MARTHE.

On dispute, on se bat : que de cris et de bruits!

LE PEUPLE.

Un mort!

MARTHE, sortant

Les meurtriers se sont-ils donc enfuis?

MARGUERITE.

Qui donc est là couché?

LE PEUPLE.

C'est le fils de ta mère.

MARGUERITE.

Dieu puissant! L'horrible forfait!

VALENTIN.

Je meurs, c'est vite dit... encor plus vite fait.
Femmes, plus de clameurs pareilles,
Approchez, ouvrez vos oreilles!

(On l'entoure.)

Vois-tu, Margot, on te connaît.
Bien jeune encore et sans prudence,
Tu sais mal ton métier. Soit dit en confidence,
Tu n'es qu'une catin, mais sois-le tout de bon.

MARGUERITE.

Mon frère, Dieu! Mais qu'est-ce donc?

VALENTIN.

Dieu n'a que faire ici, vilaine.
Ce qui devait se faire est fait, arrivera
Maintenant tout ce qui pourra.
On commence avec un, le second vient sans peine.

Puis d'autres, bientôt la douzaine,
Et la ville entière t'aura.
Quand naît la honte, on se surveille,
On la met au monde sans bruit,
On lui couvre la tête, on lui bouche l'oreille
Sous le voile épais de la nuit;
Certe on l'étoufferait bien volontiers. Mais elle,
Sitôt qu'elle a poussé, grandi,
Sort toute nue en plein midi.
Ce n'est pas qu'elle soit plus belle,
Oh! non. Plus son visage est laid,
Plus au grand jour elle se plaît.

Je vois venir une heure affreuse
Où tout brave homme, à ton aspect,
Va s'éloigner de toi, coureuse,
Comme on fuit un cadavre infect.
Tu ne pourras souffrir, sans que ton cœur se brise,
Que dans le blanc des yeux on te regarde encor.
Tu n'auras plus ta chaîne d'or,
Tu ne priras plus à l'église;
Au bal on ne te verra plus
Danser, te prélasser à l'aise
Dans les dentelles de ta fraise;
Mais parmi des gueux, des perclus,
Aux bouges que la honte habite

Tu t'iras tapir en secret.
Oh! quand Dieu te pardonnerait,
Sur la terre, au moins, sois maudite!

MARTHE.

Quoi! blasphémer en dernier lieu...
Recommandez à Dieu votre âme!

VALENTIN.

Recommander mon âme à Dieu?
Si je pouvais encore, entremetteuse infâme,
Tomber sur tes os desséchés,
Je laverais tous mes péchés.

MARGUERITE.

Frère, si je pouvais te dire...

VALENTIN.

Laisse donc là ces pleurs. Quand ton honneur est mort,
Tu m'as tué. Je vais dormir mon dernier somme,
Mais je vais à Dieu sans remord
Comme un soldat, comme un brave homme.

LE DOME

Office, orgue et chant.

MARGUERITE dans la foule. L'ESPRIT MALIN, derrière elle.

L'ESPRIT MALIN.

Marguerite, comme tout change,
Et que le temps est loin de nous,
Où là devant l'autel, avec une voix d'ange,
Tu venais prier à genoux,
Pure, sans défense,
Et pourtant sans peur,
Entre les jeux de ton enfance
Et ton Dieu partageant ton cœur.
O Marguerite,
Quel est maintenant ton souci?
Quel remords contre toi s'irrite?
Pour qui viens-tu prier ici?

Pour l'âme de ta mère morte,
Qui grâce à toi dut s'endormir
Pour souffrir longuement et longuement gémir?
Quel est ce sang devant ta porte?
Mais là, sous ton cœur palpitant,
N'est-il pas une âme vivante
Qui bat, t'agite en s'agitant,
Et pour l'avenir t'épouvante?

MARGUERITE.

Malheur! je pâlis d'effroi.
Quand seront-elles chassées,
Les tristes, dures pensées,
Grondant en moi, contre moi.

LE CHŒUR.

Dies iræ, dies illa,
Solvet sæclum in favilla.

L'ESPRIT MALIN.

Les tombeaux ont tremblé. La trompette résonne
Et ton cœur qui frissonne
Sous le courroux de Dieu
S'est levé pour descendre
Du repos de la cendre,
Au supplice du feu.

MARGUERITE.

Oh! loin, loin d'ici, bien loin qu'on me traine
L'orgue haletant me rend hors d'haleine
Et le chant du chœur
M'arrache le cœur.

LE CHŒUR.

Judex ergo cum sedebit,
Quidquid latet adparebit,
Nil inultum remanebit.

MARGUERITE.

Quel tourment d'enfer!
Les parois se dressent,
Les piliers me pressent,
Les voûtes s'abaissent,
M'écrasent,... de l'air!

L'ESPRIT MALIN.

Cache-toi dans l'ombre,
Jamais le péché
N'est longtemps caché.
Va t'ensevelir au lieu le plus sombre!
Du jour et de l'air? A toi, mauvais cœur,
Ténèbres, malheur!

CHŒUR.

Quid sum miser tunc dicturus?
Quem patronum rogaturus,
Cum vix justus sit securus?

LE MAUVAIS ESPRIT.

Ténèbres, malheur! Descends dans la tombe!
L'élu, pour te fuir, sort de ton chemin...
Le juste à ta main refuse sa main...
Malheur!

MARGUERITE.

Un flacon! Voisine, je tombe!

LA NUIT DE WALPURGIS[11]

Le Harz. Environs de Schirke et d'Elend.

FAUST, MÉPHISTOPHÉLES.

MÉPHISTOPHÉLÈS.

Que n'avons-nous — la route est longue et sans relai —
Toi, quelque bon manche à balai,
Moi, l'un des boucs les plus ingambes?

FAUST.

Hé non pas. Dans ma main il suffit d'un bâton,
Et d'agilité dans mes jambes.
Ici, pourquoi se presse-t-on?
Au labyrinthe des vallées
S'attarder en se promenant,
Puis gravir les roches pelées
D'où jaillit un feu bouillonnant,

C'est une volupté suprême ;
Quand le printemps déjà, sur les sentiers alpins,
Frémit dans les bouleaux et jusque dans les pins,
N'agit-il pas en nous de même?

MEPHISTOPHELES.

Je ne sens rien de ça du tout.
J'ai l'hiver au corps. Oh ! que n'ai-je
Un chemin de glace ou de neige
Ou de verglas? C'est là mon goût.
La lune rouge et qu'on nous rogne
Luit si tard et si mal, qu'on ne saurait marcher
Sans qu'à chaque pas on se cogne
Contre un arbre ou contre un rocher.
Permets qu'un feu follet nous guide;
J'en vois un qui passe au galop
Et gaîment jette un feu rapide.
Hé! là-bas, le gentil falot,
Tu brilles pour rien, c'est stupide :
Éclaire-nous jusque là-haut!

LE FEU FOLLET.

Espérons que mon luminaire
Par respect sera moins fringant
Et moins léger que d'ordinaire,
Car je ne vais qu'en zig-zagant.

MEPHISTOPHELÈS.

Oui, tu veux faire comme l'homme.
Au nom du diable, je te somme
D'aller droit — ou j'éteins, morbleu !
D'un souffle ta vie et ton feu.

LE FEU-FOLLET.

Vous commandez ici, je vole
Au gré du maître qui me suit;
Mais la montagne, cette nuit,
Est enchantée et comme folle.
N'exigez pas trop du valet
Qui vous conduit : un feu-follet!

FAUST, MEPHISTOPHELES, FEU-FOLLET,
chantant alternativement.

Dans le rêve et la féerie
Nous entrons. Toi qui nous sers,
Vole, vole dans les airs,
Conduis-nous sans tromperie
Dans les vastes lieux déserts.

La forêt chemine et file;
Tous les arbres à la file,

Les grands pins sont inclinés;
Les rochers s'enflent, se gonflent;
On dirait d'énormes nez :
Comme ils soufflent; comme ils ronflent!

Comme ils courent, voyez-les,
Les ruisseaux, les ruisselets,
Dans les pierres, dans les mousses :
Sont-ce là de gais couplets
Ou des plaintes les plus douces?
Que nous chante cette voix ?
Chants de l'âme qui soupire,
Ou vieux contes d'autrefois
Que l'écho semble redire?

Mais j'entends un cri plus fort :
« Hou! chouhou! » Quoi! rien ne dort?
Chats-huants, oiseaux funèbres,
Rien ne dort dans les ténèbres?
Jambe grêle et ventre épais,
Vois-je pas la salamandre
Qui se fait un lit de cendre
Dans la flamme et dort en paix?
Dans le sable et sur la roche
Les racines, quand j'approche,
Tordent mille bras rampants,

Et ces bras semblent se tendre
Comme un peuple de serpents
Qui m'effraye et veut me prendre
On dirait qu'en tous les sens.
Hors des roches et des sables,
Des polypes formidables
Vont sauter sur les passants.
Les souris en fourmilière
Sur la mousse et la bruyère
Font briller mille couleurs;
Les errantes lucioles,
Egarant les voyageurs,
Font de folles cabrioles.
Et partout des feux-follets,
Comme ils s'enflent, voyez-les!
Leur essaim se multiplie,
La montagne en est remplie,
Les rochers, les arbres, tous
Sont comme ivres, comme fous :
Leur ivresse et leur folie
Tourne, tourne autour de nous.

MEPHISTOPHELES.

Au pan de mon manteau tiens-toi bien, car on gagne
Ici le sommet du milieu;

L'œil plonge au cœur de la montagne
Où resplendit Mammon, son dieu.

FAUST.

Sur le bord des ravins se pose
Comme une lueur d'aube rose;
Confuse, étrange, elle se perd
Au plus profond du gouffre ouvert;
Des vapeurs montent, le sol fume;
Un filet de feu de la brume
S'élance et jaillit sur le mont.
Je vois se briser la coulée
En mille veines qui s'en vont
Courant au loin dans la vallée
Et se rejoignant tous au fond.
Près de nous partent des fusées
Dont les étincelles brisées
S'éparpillent en sable d'or.
Mais vois: de la cime à la base,
Sans qu'un rayon la frappe encor,
La roche entière qui s'embrase.

MEPHISTOPHELES.

Le roi Mammon t'offre un gala;
Il veut éclairer son domaine;

C'est heureux d'avoir vu cela.
Mais les hôtes bruyants s'approchent. Les voilà.

FAUST.

Comme l'ouragan se démène
Dans l'air, comme il fouette mon front!

MEPHISTOPHELÈS.

La nuit s'embrume; sur les roches
Il faut qu'à présent tu t'accroches,
Sinon tu rouleras dans ce gouffre sans fond.
Les bois craquent, les hibous fuient
Et la colonnade où s'appuient
Les palais toujours verts éclate; en un moment,
De partout, de grands bruits s'élèvent,
Fracas de racines qui crèvent,
De troncs qui ronflent puissamment :
Tout cela pêle-mêle roule,
Gronde, au fond du gouffre s'écroule:
Le vent, parmi ces mille cris,
Siffle et hurle dans les débris,
Tandis qu'au loin, auprès, en haut, tout chante ou sonne,
Des chœurs passent, l'écho répond,
La montagne entière frissonne
A ce concert magique, immense et furibond.

CHŒUR DES SORCIÈRES.

Les sorcières vont en débauche
Au Brocken sous le ciel ouvert :
Le chaume est jaune, le blé vert,
Et le maître en tête chevauche.
Et tous, pour s'assembler là-haut,
En courant grimpent à l'assaut.

VOIX.

Baubo, la vieille réjouie [13]
Vient seule à cheval sur sa truie.

CHŒUR.

Honneur, madame, à qui de droit !
Marchez devant et marchez droit ;
Conduisez-nous dans la carrière :
Nous suivons toujours les vieux us.
Un cochon, la mère dessus,
Et tout le monde ira derrière.

VOIX.

Quel chemin as-tu pris ?

VOIX.

L'Ilsenstein[12]. En son trou
J'ai voulu guigner le hibou
Qui m'a fait de ces yeux...

VOIX.

Que le diable t'emporte!
Pourquoi donc courir de la sorte?

VOIX.

C'est qu'elle m'a, l'autre, en passant
Écorchée, et tu vois mon sang.

CHŒUR DE SORCIÈRES.

La route n'est pas étroite ni brève;
Pourquoi nous presser ainsi dans la nuit?
La fourche est piquante et le balai cuit,
Et l'enfant suffoque et la mère crève.

DEMI-CHŒUR DE SORCIERS.

Alerte, escargots, en avant!
Nous nous traînons, c'est pitoyable;
Toutes les femmes sont devant.
S'agit-il de prendre le vent,

Les femmes vont comme le diable;
Et faut-il se donner au diable,
Les femmes vont comme le vent.

L'AUTRE DEMI-CHŒUR.

Hé! qu'importe si les donzelles
Nous devancent de mille pas?
D'un seul bond ne serons-nous pas
Auprès d'elles et devant elles?

VOIX D'EN HAUT.

Quittez le lac des rochers,
Venez à nous, dépêchez,
Pauvre bande inoffensive!

VOIX D'EN BAS.

Nous voudrions aux sommets
Volontiers vous suivre, mais
Nous faisons une lessive.
Nous sommes bien propres, mais
Impuissants et pour jamais.

LES DEUX CHŒURS.

Le vent est muet, nul bruit dans l'espace,
L'étoile s'éteint, la lune pâlit;

Le chœur enchanté se promène et passe;
Un flot petillant de flamme jaillit.

VOIX D'EN BAS.

Halte! halte!

VOIX D'EN HAUT.

Une voix lointaine
Vient à nous des rochers ouverts.

VOIX D'EN BAS.

Oh! qu'on m'emmène, qu'on m'emmène!
En vain je monte ici depuis trois cents hivers.
Je voudrais être avec mes pairs.

LES DEUX CHŒURS.

Tout nous porte : le bâton porte,
Le balai porte,
La fourche porte,
Le bouc porte. Honte à celui
Qui n'avance pas aujourd'hui!
Il est perdu, sa vie est morte.

DEMI-SORCIERE, en bas.

Que les autres sont déjà loin!
Je vais derrière eux dans l'ornière;

Je vis sans repos dans mon coin
Et trottine ici la dernière.

CHŒUR DES SORCIÈRES.

Honneur à notre onguent!
Nous allons naviguant,
Une auge pour navire,
Et pour voile un chiffon.
Qui maintenant chavire
Ira toujours au fond.

LES DEUX CHŒURS.

Montons pleins de vie!
La cime gravie,
Nous nous étendrons
Couvrant les bruyères,
Sorciers et sorcières,
De nos bataillons, de nos escadrons.

(Ils prennent place.)

MEPHISTOPHELES.

Ça pousse et cogne et ça grogne et clapote,
Ça siffle et grouille et ça traine et papote,
Ça luit, petille et ça pue et ça cuit:
Un vrai sabbat que cette nuit!

(A Faust.)

Viens contre moi. Quand on se quitte,
Dans cette foule, on se perd vite.
Où donc es-tu?

FAUST dans l'éloignement.

Je suis ici.

MEPHISTOPHELES.

Déjà si loin? Je vais parler en maître. Place
A sire Voland que voici (11)!
Arrière, aimable populace!
Place! Prends-moi, docteur, et jetons-nous d'un bond
Hors de ce bruit nauséabond.
Même pour moi, c'est un martyre.
Je vois dans les buissons briller
Je ne sais quoi de singulier:
C'est une lueur qui m'attire...
Viens, glissons-nous vers ce rayon.

FAUST.

Esprit de contradiction!
Je te suis comme d'habitude,
Mais venons-nous dans ton logis,
En cette nuit de Walpurgis,
Pour y chercher la solitude?

MÉPHISTOPHÉLÈS.

Le bon endroit, le joli feu!
Un cercle charmant s'y rassemble;
On n'est pas seul quand on est peu,
En petit nombre on est ensemble.

FAUST.

Je serais mieux là-haut. Dans le monde infernal
De fumée et de flamme où tant de foule afflue,
Se ruant vers l'esprit du mal,
Plus d'une énigme est résolue.

MÉPHISTOPHÉLÈS.

Mais plus d'une s'y noue aussi.
Lorsque là-haut la foule abonde,
Nous en paix demeurons ici.
Chacun se fait en ce temps-ci
Dans le grand monde un petit monde.
Là-bas je guette avec ardeur
Bien des sorcières saugrenues :
Les plus jeunes sont toutes nues,
Les vieilles ont plus de pudeur.
Pour m'obliger, soyez traitable,
La peine est si petite et le plaisir si grand!
Mais quel est ce bruit déchirant?

Quelle musique épouvantable!
Viens donc, on se fait à cela;
Nous devons en passer par là.
Je marche devant toi, novice,
Pour te rendre un nouveau service.
Hé bien! qu'en dis-tu? Quel gala!
L'espace est assez grand, je pense;
Tu n'en vois pas la fin, si loin qu'aillent tes yeux;
Cent feux s'alignent sous les cieux;
On fricote, on bavarde, on boit, on mange, on danse,
On aime. — Où trouver rien de mieux?

FAUST.

Pour me présenter de la sorte
Quel nom prendrais-tu, quel manteau?
Es-tu diable ou sorcier?

MEPHISTOPHELES.

J'aime l'incognito.
Mais il faut aux galas montrer l'ordre qu'on porte.
Faute de jarretière, moi,
Mon pied de cheval me fait roi.
Vois-tu cette limace, en sa maison mi-close,
Qui vient, tâte de l'œil et flaire quelque chose?
Nous ne pourrions ici, pas même en le voulant,

Rester longtemps cachés, car ce peuple est le nôtre.
Mais viens. D'un feu passons à l'autre,
Je suis le courtier et toi le chaland.

(A quelques-uns qui sont assis autour de charbons presque éteints.)

Sus, mes vieux messieurs, qu'on vous reconnaisse!
Pourquoi tout au bout? Venez au milieu,
Parmi la bruyante et folle jeunesse...
On n'est que trop seul au coin de son feu.

GÉNÉRAL [12].

Les vétérans, les vieilles lames,
Quoi qu'ils aient fait, sont mal reçus:
Auprès du peuple, auprès des femmes,
Les plus jeunes ont le dessus.

MINISTRE.

Gloire au bon vieux droit des ancêtres,
Au bon vieux temps qu'on pleure encor!
Quand tout seuls nous étions les maîtres,
C'était là vraiment l'âge d'or.

PARVENU.

Jadis je n'étais pas, moi non plus, sans malice.
Et je faisais souvent ce qu'il ne fallait pas;

Aujourd'hui je voudrais conserver l'édifice,
Et voilà qu'on le met à bas.

AUTEUR.

Plus un seul écrit à lire!
Ni bon sens, ni ton, ni goût!
La jeunesse qui délire
Parle haut, elle sait tout!

MEPHISTOPHELES, *qui paraît tout à coup très-vieux.*

Je ne gravirai plus cette cime inféconde,
Car l'homme est assez vieux pour le grand jugement.
Mon tonneau fuit trouble, et le monde
Penche à sa fin fatalement.

SORCIERE *revendeuse.*

Halte! Ouvrez, messieurs, vos oreilles,
Ne manquez pas l'occasion.
En tout genre j'ai des merveilles,
Des trésors à profusion.
Rare marchande que nous sommes
Et sans concurrents! Venez tous!
Tout ce qu'on achète chez nous
A fait le plus grand mal aux hommes:
Pas de poignard qui n'ait versé du sang chrétien

Pas de bijou qui n'ait d'une femme de bien
Fait une affreuse aventurière;
Pas de coupe qui n'ait contenu des poisons,
D'épée enfin qui n'ait commis des trahisons
Ou frappé les gens par derrière.

MÉPHISTOPHÉLÈS.

Laissons tout ça, cousine; c'est
Fait, refait, parfait, archifait.
Du nouveau, voilà ce qu'on aime.

FAUST.

Je vais me perdre ici moi-même,
C'est une foire.

MÉPHISTOPHÉLÈS.

En haut le flot s'est élancé.
On croit pousser, on est poussé.

FAUST.

Qui vient là?

MÉPHISTOPHÉLÈS.

C'est Lilith, regarde (11),
La première femme d'Adam.
Vois ses beaux cheveux, prends-y garde!

Elle en est fière à votre dam ;
En ce filet qu'elle t'enlace,
Tu ne peux plus quitter la place.

FAUST.

Vois-tu ces deux-là qui n'en peuvent plus,
Ayant trop sauté, la jeune et la vieille?

MEPHISTOPHELÈS.

Sans paix ni repos cette nuit on veille,
La danse reprend ; viens, courons-leur sus !

FAUST, dansant avec la jeune.

J'ai fait un beau rêve en mes joyeux sommes :
Je vis un pommier, deux petites pommes :
Elles me charmaient, j'y montai soudain.

LA BELLE.

Ces pommettes-là vous faisaient envie
Déjà dans l'Éden, et je suis ravie
D'en avoir aussi là, dans mon jardin.

MEPHISTOPHELES, avec la vieille.

J'eus un cauchemar, un arbre difforme
M'apparut fendu. . . . .
. . . .

17

LA VIEILLE.

Prince au pied fourchu, roi de notre bande,
Salut! Tenez prêt. . . . .
. . . .

PROKTOPHANTASMISTE [12].

Hé quoi! race nauséabonde,
Ne vous a-t-on pas dit assez
Que les esprits n'ont pas les pieds de tout le monde?
Comme nous, pourtant, vous dansez.

LA BELLE, *dansant.*

Que nous veut ce fat plein d'outrecuidance?

FAUST, *dansant.*

Il est sans danser partout où l'on danse,
Sans en faire un seul il juge les pas
Qui n'existent point s'il n'en parle pas.
Ce qui l'aigrit c'est qu'on avance,
Quand, pour lui plaire, on est enclin
A tourner dans la même sphère,
Comme lui dans son vieux moulin,
On arrive à le satisfaire...
Pourvu qu'on soit humble, soumis,
Chapeau bas, et qu'il l'ait permis.

PROKTOPHANTASMISTE.

Encor là? Partez donc. Vous êtes incroyables!
N'ai-je pas tout éclairé, moi?
Cette affreuse engeance de diables
Ne reconnaît aucune loi.
J'ai balayé tant de chimères
Par mes ouvrages étonnants...
Et l'on trouve, ô douleurs amères!
Même à Tegel des revenants [11].

LA BELLE.

Laissez-nous la paix, fâcheux hôte!

PROKTOPHANTASMISTE.

Vous, esprits, mon esprit vous le dit à voix haute,
Que les esprits n'ont point de despote ici-bas;
Ne pouvant l'être, moi, je n'en tolère pas.

(On continue à danser.)

Vous ne m'écoutez pas, idiots que vous êtes?
Mais avec mon voyage [12], avant mon dernier pas,
Je vous écraserai tous, diables et poëtes.

MÉPHISTOPHÉLÈS.

Dans une mare il va s'asseoir, quand il s'aigrit;
L'eau calme son humeur guerrière;
Et quand mainte sangsue a piqué son derrière,
Il guérit des esprits alors et de l'esprit.
Mais pourquoi donc quitter la fille vive et douce
Dont la voix t'animait à la danse?

FAUST.

A l'instant,
Elle a fait sortir en chantant
De sa bouche une souris rousse.

MÉPHISTOPHÉLÈS.

Voilà bien de quoi t'affliger!
Si c'était une souris grise,
Passe encore, mais rouge! — A l'heure du berger!

FAUST.

Et puis...

MÉPHISTOPHÉLÈS.

Quoi?

FAUST.

Méphisto, comprends-tu ma surprise?
Regarde bien. Ne vois-tu pas
Seule, une pâle et belle enfant, là-bas, là-bas?...
Vois comme elle se traîne, il semble
Que ses petits pieds lents et las
Soient attachés. Elle ressemble
A la bonne Gretchen, hélas!

MÉPHISTOPHÉLÈS.

Bah! laisse et viens. Ça vous rend sombre,
C'est sans vie : un fantôme, une ombre;
Il vaut mieux ne pas voir cela, même en passant.
Ces yeux fixes figent le sang,
Comme ceux de Méduse, et vous changent en pierres.

FAUST.

Oui, ce sont bien les yeux d'une morte. Un ami
N'en a pas fermé les paupières.
Le sein qui sous ma main tant de fois a frémi,
Le voilà; ma Gretchen, c'est elle,
Celle qui s'est donnée à moi.

MEPHISTOPHELES.

Mais c'est de la magie, homme de trop de foi!
Tout amant qui la voit croit retrouver sa belle.

FAUST.

Quel regard! Je ne peux en détacher le mien.
Quelle ivresse, et pourtant quelle angoisse en mon âme!
Pour tout collier elle n'a rien
Qu'un petit cordon rouge étroit comme la lame
D'un couteau. C'est étrange!

MEPHISTOPHELES.

Eh oui! je le vois bien.
Sous son bras elle peut aussi porter sa tête
Que lui coupa Persée. Aux chimères toujours
Faut-il que ton esprit s'arrête?
Viens sur la colline, allons, cours (1)!...

JOUR SOMBRE — LA CAMPAGNE

FAUST, MÉPHISTOPHELÈS.

FAUST.

Dans le malheur! dans le désespoir! Longtemps misérable, errant sur la terre et maintenant en prison! Comme criminelle, dans un cachot, livrée à d'affreuses tortures, la douce et pauvre enfant! Tombée là, si bas! Esprit sans foi ni loi, tu me l'as caché. Oui, reste-là, reste. Roule dans ta tête, furieux, tes yeux diaboliques! Reste à me défier par ton insupportable présence! En prison! Dans une misère irréparable. Abandonnée aux mauvais esprits, à la justice des hommes, une justice sans cœur! Et, pendant ce temps, tu me berces en d'insipides distractions, tu me caches sa détresse croissante, tu la laisses perdue sans secours.

MÉPHISTOPHELÈS.

Elle n'est pas la première.

FAUST.

Chien! Exécrable monstre! Esprit infini, rends donc au ver sa figure de chien qu'il prenait souvent la nuit pour trotter devant moi, se rouler aux pieds d'un passant inoffensif, et le jeter à terre et se pendre à ses épaules. Rends-lui sa forme préférée, qu'il rampe devant moi sur son ventre, dans le sable, et que je le foule aux pieds, le réprouvé! Pas la première! O désolation, désolation que nulle âme humaine ne peut comprendre! Faut-il que plus d'une créature soit tombée au fond de cette misère, et que la première, dans les convulsions de son agonie, n'ait pas racheté la faute de toutes les autres devant celui qui pardonne tout. Jusqu'à la moelle de mes os, jusqu'aux sources de la vie, cette seule détresse me met au feu et toi tu ricanes indifféremment sur le sort des milliers d'autres!

MÉPHISTOPHELÈS.

Bon. Nous voilà encore à la limite de notre esprit, là où la cervelle vous saute, à vous autres hommes. Pourquoi donc te mettre à notre pas, si tu ne peux aller jusqu'au bout? Tu veux voler et tu n'es pas assuré contre le vertige? Est-ce nous qui nous sommes jetés vers toi, ou toi vers nous?

FAUST.

Ne grince pas ainsi contre moi tes dents voraces! Tu me dégoûtes, vois-tu! grand et sublime Esprit qui as daigné m'apparaître, qui connais mon âme et mon cœur, pourquoi m'accoupler à ce compagnon de honte qui se repaît de mal et s'ébat dans la ruine?

MEPHISTOPHELES.

Finiras-tu?

FAUST.

Sauve-la ou malheur à toi! La plus affreuse malédiction sur toi pour des milliers d'années!

MEPHISTOPHELÈS.

Je ne puis dénouer les liens de la justice qui se venge; je ne puis ouvrir ses verrous. Sauve-la! Qui donc l'a perdue? Est-ce moi ou toi?

(Faust en fureur regarde autour de lui.)

Cherches-tu un tonnerre à prendre? C'est fort heureux, ô mortels, que ces armes-là ne soient pas sous votre main! Écraser l'innocent qui résiste, c'est ainsi que les grands se tirent d'affaire, quand ils sont dans l'embarras.

FAUST.

Conduis-moi où elle est. Il faut qu'elle soit libre.

MEPHISTOPHELÈS.

Et le danger où tu t'exposes? Il y a du sang dans la ville, un meurtre commis par toi. Sur la fosse de la victime planent des esprits vengeurs qui guettent le retour du meurtrier.

FAUST.

Encore cela de toi? Qu'un monde entier meure et tombe sur toi, monstre. Conduis-moi où elle est, te dis-je, délivre-la.

MEPHISTOPHELÈS.

Je veux bien t'y mener. Voici ce que je peux faire, écoute : Ai-je donc tout pouvoir au ciel et sur la terre? J'offusquerai l'esprit du geôlier; empare-toi de la clef, tire-la de prison toi-même, de ta main d'homme. Je veille, les chevaux magiques sont prêts, je vous enlève. Voilà ce que je puis.

FAUST.

Sus, en route!

LA NUIT EN RASE CAMPAGNE

FAUST ET MÉPHISTOPHELÈS

passent à grand bruit sur des chevaux noirs.

FAUST.

Qu'ont-ils à s'agiter, ceux-là, autour du gibet?

MEPHISTOPHELES.

Je ne sais quelle cuisine ils font.

FAUST.

Ils rôdent çà et là, se penchent, se courbent.

MEPHISTOPHELES.

Un conciliabule de sorcières.

FAUST.

Elles sèment et consacrent.

MÉPHISTOPHELÈS.

Passons, passons !

LE CACHOT

FAUST, un trousseau de clefs et une lampe à la main devant une petite porte de fer.

Je ne connaissais plus ces terreurs. En entrant,
Comme autrefois je tremble — et toute la misère
De l'humanité me reprend.
Ce mur humide entre elle et moi ! mon cœur se serre.
Elle est là pour un crime, erreur de sa bonté.
Que ne vas-tu près d'elle et quel effroi te glace ?
As-tu peur d'entrer là ? Crains que ta lâcheté
N'y pousse la mort à ta place.

(Il porte la main à la serrure. On chante à l'intérieur.)

Ma mère la catin,
C'est elle qui m'a tuée ;
Mon père l'assassin,
C'est lui qui m'a mangée.
Ma sœur a mis après

Mes os dans un lieu frais,
J'y pris une aile folle,
Et je suis cette fois
Un bel oiseau des bois :
Vole donc, vole, vole!

FAUST, ouvrant la porte.

Pauvre femme, elle ne sait pas
Que son amant est là, qu'il entend, plein d'angoisse,
La chaine qui bruit, la paille qui se froisse.

(Il entre.)

MARGUERITE, cachant sa figure sur sa couche.

Ils viennent. Quelle mort affreuse ! Hélas! Hélas!

FAUST, bas

Silence, viens ! Je te délivre.

MARGUERITE, se roulant à ses pieds.

As-tu le cœur d'un homme? Oh! vois ma douleur !

FAUST.

Viens!

Tu vas avec tes cris éveiller les gardiens.

(Il prend les chaînes pour les ouvrir.)

MARGUERITE, à genoux.

Bourreau, qui t'a donné ce droit sur moi? — Te suivre
Avant minuit! — Laisse-moi vivre!
Ton cœur ne peut-il s'attendrir?
C'est assez tôt demain, attends jusqu'à l'aurore.

(Elle se lève.)

Je suis jeune, si jeune encore!
Est-ce qu'il faut déjà mourir?
J'étais jolie aussi dans les saisons passées.
C'est ce qui m'a perdue. Il était tout près, lui
Qui si loin, si loin s'est enfui!
Ma couronne est brisée et ses fleurs dispersées...
Oh! ne me serre pas, tu me fais mal! Pourquoi
Suis-je ainsi traînée et ravie?
Qu'est-ce que je t'ai fait? Prends donc pitié de moi,
Car enfin je ne l'ai jamais vu de ma vie.

FAUST.

Quelle atroce douleur!

MARGUERITE.

Je suis là, dans ta main...
Mais laisse-moi donner à mon enfant le sein.
Toute la nuit, tout d'une haleine,

Je l'ai sur mes genoux doucement remué.
Ils me l'ont pris, voulant me faire de la peine,
Et disent que je l'ai tué.
Plus de joie. Ils ont fait des chansons à ma honte...
Oh ! ce monde est bien dépravé...
Cette histoire, c'était la fin d'un ancien conte:
Qui leur dit que c'est arrivé?

FAUST se jette aux pieds de Marguerite.

C'est ton amant qui tombe à tes pieds à cette heure
Et qui veut t'arracher du cachot où l'on pleure.

MARGUERITE.

Oh! oui, prions ! prions les saints à deux genoux.
Vois les degrés, le seuil... l'enfer est au-dessous
Qui flambe. Le malin s'irrite...
Quel bruit il fait! J'en ai frémi...

FAUST.

O Marguerite, Marguerite!...

MARGUERITE.

C'était la voix de mon ami.
Où donc est-il que je le voie?
C'est lui qui vient de m'appeler

Je suis libre... On ne peut me retenir... O joie !
Mais je veux à son cou voler,
Me serrer contre lui. C'est lui qui vient de dire :
Marguerite ! Il était sur le seuil, je le vois !
Quand hurlait tout l'enfer et le diable à la fois,
Dans ce tumulte affreux de cris, d'éclats de rire,
J'ai reconnu sa voix, sa douce, aimante voix.

FAUST.

C'est moi.

MARGUERITE.

C'est vraiment toi ! Redis-le-moi bien vite...
C'est lui, lui ? Maintenant où sont les maux soufferts,
Les traces du cachot et les marques des fers ?
Dis, c'est bien toi qui viens sauver ta Marguerite ?
Dis, elle est donc sauvée ? En effet... Je revois
La rue où je te vis pour la première fois,
Et ce petit jardin plein de chères folies
Où nous t'attendions, Marthe et moi !

FAUST.

Viens vite, vien !

MARGUERITE.

Non, reste encore. Où tu t'oublies,
On s'oublie avec toi si bien !

(Elle le caresse.)

FAUST.

Partons, hâte-toi, le temps presse.
Nous pourrions, en restant, le payer cher.

MARGUERITE.

Eh quoi!
Tu ne sais déjà plus embrasser ta maîtresse?
As-tu si vite loin de moi
Désappris les baisers? Mais d'où vient que je tremble?
D'où vient que dans tes bras mon cœur soit anxieux?
D'un mot, quand nous étions ensemble,
D'un regard tu m'ouvrais les cieux.
Tu m'étouffais alors de baisers... Oh! de grâce,
Embrasse-moi bien vite ou c'est moi qui t'embrasse.

(Elle l'entoure de ses bras.)

Mais quoi! Je te suis à mépris?
Froides, muettes sont tes lèvres!
Oh! cet amour dont tu me sèvres,
Qu'en as-tu fait? Qui me l'a pris?

(Elle se détourne de lui.)

FAUST.

Viens, suis-moi, pauvre amie. Oh! prends courage encore!
Je t'aime cent fois plus, mais suis-moi seulement!
C'est de toi tout ce que j'implore.

MARGUERITE.

Mais est-ce bien toi, dis? Est-ce toi sûrement?

FAUST.

C'est moi, viens...

MARGUERITE.

Ma chaîne se brise.
Moi qu'on repousse, moi qu'on hait,
Sur tes genoux tu m'as reprise:
Tu me vois sans horreur. Sais-tu ce que j'ai fait?

FAUST.

L'ombre est déjà diminuée.
Viens.

MARGUERITE.

Ma mère, je l'ai tuée.
Et mon enfant, je l'ai noyé. Le sais-tu bien?
Mon enfant, le nôtre, le tien...
Le tien aussi. C'est toi! J'ose le croire à peine.
Ta main! — Non, ce n'est pas un rêve, une ombre vaine...
C'est bien la chère main que la mienne pressait.

Mais qu'on l'essuie... elle est trempée...
Il me semble que c'est du sang... qu'as-tu donc fait?
Oh! rentre au fourreau cette épée,
Je t'en prie!

FAUST.

Allons! le passé
Doit être à jamais effacé.
Tu me fais mourir, malheureuse!

MARGUERITE.

Non, tu dois vivre, toi, car il faut que ta main
Prépare trois fosses, les creuse
Demain:
La meilleure place à ma mère;
Auprès d'elle, tout près, mon frère,
Et moi plus à l'écart, là-bas,
Pas trop loin pourtant, n'est-ce pas?
L'enfant sur mon sein droit. Nul autre
Près de moi ne sera jamais.
A ton côté quand je dormais
Quel doux bonheur était le nôtre!
C'est fini, maintenant, bien fini. Je ne peux,
Sans me forcer, aller à toi qui me repousses...
C'est bien toi, cependant. Si tendres et si douces
Sont les caresses de tes yeux!

FAUST.

Si tu sens que c'est moi, viens donc, pauvre colombe.

MARGUERITE.

Là dehors?

FAUST.

Dans l'air libre.

MARGUERITE.

Oh! oui, si c'est la tombe,
Oh! oui, si c'est la mort qui m'attend, de bon gré
Là dehors avec toi j'irai.
D'ici jusqu'à la couche où l'on repose morte,
Mais aucun pas plus loin. — Henri, ne plus te voir!
Tu pars... Si je pouvais te suivre!

FAUST.

Il faut vouloir.
Vois. Je viens de t'ouvrir la porte.

MARGUERITE.

Je ne dois pas sortir. J'ai perdu tout espoir.
Fuir? A quoi bon? Partout épiée, outragée,
C'est dur de mendier son pain;
Puis l'étranger, le froid, la faim,

Puis la conscience chargée...
Ils me reprendront à la fin.

FAUST.

Je reste près de toi.

MARGUERITE.

Vite, vite, de grâce
Tire ton pauvre enfant de l'eau!
Pars. On remonte le ruisseau
Jusqu'au petit pont. On le passe,
On entre dans le bois. Puis, à gauche, l'étang,
Une planche... Oh! la mort le gagne...
Il veut se soulever... lutte en se débattant...
Sauve-le !

FAUST.

Calme-toi, viens. En pleine campagne,
En trois pas, nous serons tous deux.

MARGUERITE.

Que n'avons-nous déjà traversé la montagne!
Je n'aurais pas à voir ce spectacle hideux :
Ma mère est là sur une pierre...
Un frisson court dans mes cheveux...
Là sur une pierre est ma mere

Branlant la tête, vois-tu bien ?
Aucun signe, aucun geste, rien.
Sa tête est lourde, elle se ploie.
Las! elle a tant dormi qu'on ne peut l'éveiller...
Elle dormait pour nous laisser à notre joie...
Ah! c'était le bon temps!

FAUST.

Si j'ai beau supplier,
Je t'emmène de force.

MARGUERITE.

Oh! non, pas de contrainte!
Je n'en souffre point. Laisse-moi!
Pourquoi cette mortelle étreinte!
N'ai-je pas assez fait pour toi?

FAUST.

Le jour point. Chère enfant! Mon supplice est atroce.

MARGUERITE.

Ce jour, c'est le jour, c'est mon dernier jour;
C'eût été pourtant le jour de ma noce!
Oh! ne leur dis rien de mon pauvre amour!
Adieu ma couronne, on me l'a défaite.

Nous nous reverrons, mais pas à la fête.
Que vois-je là bas?
La foule s'entasse,
On ne l'entend pas;
Elle a tout couvert, la rue et la place,
Et la cloche sonne. Entends-tu le glas?
L'arrêt est rendu; je suis condamnée...
Ils m'ont garrottée; ils m'ont entrainée.
Voici l'échafaud;
La foule s'arrête.
Chacun sent au cou le froid du couteau
Tombant sur ma tête.
Le monde est muet comme le tombeau.

FAUST.

Oh! pourquoi suis-je né?

MÉPHISTOPHELES paraît au dehors.

MÉPHISTOPHELES.

Alerte! Il faut vous taire
Et vous hâter, sinon tout est perdu. J'entends
Piétiner mes chevaux. L'aube naît. Il est temps.

MARGUERITE.

Mais qu'est-ce donc qui sort de terre ?
Lui ! lui ! Chasse-le donc, mon Dieu !
Que vient-il faire en ce saint lieu ?
C'est moi, moi qu'il veut !

FAUST.

Tu dois vivre...

MARGUERITE.

Oh ! c'est à toi que je me livre,
Justice de Dieu !

MÉPHISTOPHELES à Faust.

Viens, sans quoi
Je vais te laisser là près d'elle.

MARGUERITE.

Père, je suis à toi, rien qu'à toi. Sauve-moi !
Saints anges qui m'avez autrefois protégée,
Faites autour de moi comme un céleste abri !
Henri, tu me fais peur, va-t'en...

MEPHISTOPHELÈS.

Elle est jugée.

VOIX D'EN HAUT.

Elle est sauvée !

MEPHISTOPHELÈS à Faust.

A moi, fuyons !

VOIX DE L'INTERIEUR, s'évanouissant.

Henri ! Henri !

NOTES

1. On a choisi, pour cette traduction, le vers libre : c'est celui qui rend, avec le plus d'exactitude et d'aisance, le sens, le ton et le rhythme de l'original. On a supprimé le *Prologue sur le théâtre*, qui précède le *Prologue dans le ciel*; ce hors-d'œuvre n'a plus d'intérêt aujourd'hui.

2. Le *Macrocosme :* le grand monde, le monde en grand, l'ensemble des différents mondes, l'univers, par opposition au *Microcosme,* le petit monde, le monde en petit, l'homme.

3. L'*Esprit de la terre,* l'Esprit du monde élémentaire, peut-être la Nature elle-même.

4. Le *Famulus*, en Allemagne, est un étudiant d'un certain âge, servant de domestique au professeur qui le loge, le nourrit et l'instruit gratis.

5. Le *Lion rouge*, la *Fleur de lis*, la *jeune Reine,* etc.; jargon d'alchimie.

6. *Clavicula Salomonis,* livre de magie.

7. La *Conjuration des quatre*, c'est-à-dire contre les quatre espèces d'esprits : ceux qui habitent le feu (*salamandres*), l'eau (*ondines*), l'air (*sylphes*), et la terre (*gnomes*). L'*incube,* dont il est question plus bas, est le lutin du foyer, celui qui donne des cauchemars.

8. Le *Pied de Sorcière, Drudenfuss* en allemand, le Pentagramme en grec, est une figure formée de cinq angles et qui, tracée sur le seuil d'une maison, en éloignait les sorcières et les mauvais esprits.

9. Cette scène est un « non-sens humoristico-dramatique » (le mot est de Gœthe lui-même), où les commentateurs ont vu des épigrammes contre la cuisine littéraire du temps « la soupe des gueux », contre la messe, la Trinité, l'arithmomancie, etc., etc.

10. *Cantique des cantiques*, IV, 5; VII, 3.

11. *La Nuit de Walpurgis* (en français, de sainte Vaubourg) est la première nuit de mai, pendant laquelle les sorcières vont faire leur sabbat dans les montagnes du Harz, sur le sommet du Brocken ou Blocksberg, près du village de Sckirke et de la vallée d'Elend.

12. Baubo, *nourrice de Cérès dans l'ancienne mythologie*, est ici le symbole de l'impudeur. L'Ilsenstein est un rocher de Brocken. La scène fantastique tourne bientôt en satire littéraire : les critiques impuissants, les écrivains attardés, les demi-talents sont vaguement raillés dans cette ascension de sorciers et de sorcières.— *Voland* est un des noms du diable; il signifie séducteur, et on l'oppose à *Heiland*, sauveur. — Le *Général* figure, dit-on, Dumouriez ou Lafayette. — *Lilith*, d'après une légende de Rabbins, avait été, avant Eve, la femme d'Adam ; mais, née comme lui du limon de la terre, elle ne voulut pas se soumettre à lui et s'envola. Elle figure ici, dit-on, les jeunes juives qui, au temps de Gœthe, se mêlaient de querelles littéraires. — Le *Proktophantasmiste*, c'est Nicolai, critique rationaliste, ennemi du surnaturel, très-insolent, très-bavard et passablement inepte. Ce Nicolai, souffrant d'hémorrhoïdes dans sa maison de Tegel, fut guéri par une application de sangsues. « Mais il eut le malheur, dans sa convalescence, d'avoir des hallucinations, et l'impru-

dence de donner lecture, en pleine académie, d'un mémoire où il dissertait sur les apparitions des esprits. » De là le nom aristophanesque que Gœthe a forgé pour lui. On en trouvera l'étymologie dans les dictionnaires grecs (F. Blanchet, le *Faust* de Gœthe. Strasbourg, 1860). Nicolaï avait écrit un *Voyage en Europe* en douze volumes, dirigé contre les jésuites.

13. On supprime, ici, les derniers vers de cette scène, qui ne servent qu'à préparer un intermède qui ne serait plus goûté ni compris : les *Noces d'or d'Obéron et de Titania*. La fin de la *Nuit de Walpurgis*, cette vision soudaine de Marguerite, dont Faust est assailli, se relie admirablement à la scène qui suit entre Faust et Méphistophélès, et qui est en prose dans la traduction comme dans l'original.

PARIS. — J. CLAYE, IMPRIMEUR, RUE SAINT-BENOIT. (3229)

www.ingramcontent.com/pod-product-compliance
Lightning Source LLC
LaVergne TN
LVHW050508100826
845148LV00002B/271

* 9 7 8 2 0 1 2 5 6 8 4 5 7 *